SOÑAR NO ES SUFICIENTE

José – Director y Presidente

Dr. Rivelino Montenegro

www.josedirector.com

No se permite la copia ni la traducción total o parcial del contenido de este libro para ninguna lengua, ni la reproducción de gráficos e imágenes aquí contenidas, como también la vinculación de una o de otra a través de cualquier medio mecánico o electrónico, sin la autorización previa del autor.

Las referencias de las Sagradas Escrituras contenidas en este libro son sacadas de La Santa Biblia Reina - Valera Revisada (1960) (Miami: Sociedades Bíblicas Unidas, 1998).

Tapa y Programación Visual: José Roberto Rodríguez (www.roberttusdesign.com).

Traducción: Evandro L. Cunha, Steven W. Cunha y Stephanie Cunha.

Revision: Fabian Cruz y Martha Benitez

1ª edición.

2012

Printed in Germany.

BOSQUEJO

PREFACIO.. 7
INTRODUCCIÓN.................................. 13
1. ¡EMPIECE TEMPRANO!.................. 19
2. LENGUAJE CORPORAL.................. 39
3. NETWORK....................................... 55
4. LA PRIMERA IMPRESIÓN.............. 83
5. GLOBAL X LOCAL.......................... 101
6. OBTENIENDO INFORMACIONES... 119
7. ¡JAMÁS DESISTA!............................. 135

APÉNDICE
 - Material adicional............................ 155

AGRADECIMIENTOS.......................... 173

REFERENCIAS..................................... 175

PREFACIO

Yo siempre soñé con dar una vuelta en la montaña rusa, pero el miedo nunca me lo permitía, hasta que un día decidí enfrentar el desafío y entré en la primera que me encontré de frente.

Diez segundos después prometía para mí mismo que nunca más haría aquello otra vez. ¡Pocos días más tarde allí estaba yo gritando nuevamente y haciendo la misma promesa!

Desde que terminé la universidad no veo la necesidad de ir a una montaña rusa para sentir subir la adrenalina, mi vida profesional ha sido la más grande montaña rusa que yo he enfrentado, con una crisis tras otra, subidas vertiginosas alternando con bajadas bruscas y algunas caídas inevitables.

¡Lo interesante es mirar alrededor y ver que no estoy sólo en este sube y baja!

En la crisis económica del crédito hipotecario que se empezó en 2007 en los EUA y se difundió rápidamente por el resto del mundo, se estima que sólo en ese país, 2,6 millones de personas perderían sus empleos, esto solamente en 2008. A pesar de que la crisis tuvo su origen en el sector inmobiliario de los Estados Unidos, ella repercutió en el mundo entero, donde también otras áreas, como la industria automovilística y farmacéutica, fueron fuertemente afectadas. Las Bolsas de Valores del mundo entero sufrieron caídas estruendosas. Economías solidas como la americana y la japonesa entraron en recesión.

El desespero fue general y los economistas con todas las posibles teorías no pudieron contribuir en nada para la solución del problema. Paul Krugman, ganador del premio Nobel de economía de 2008, Él opinó que "gran parte del conocimiento macro-económico de los últimos 30 años fue, en el mejor de los casos, espectacularmente inútil, habiendo sido decisivamente prejudicial en el peor de los casos"[1].

La lección es sencilla, pero dura: La crisis hace parte del juego y es necesario estar preparado para cuando ella llega.

Tal vez tú no sepas, pero, la mayoría de los libros de Economía define la recesión como una parte normal (aunque desagradable) del ciclo económico. ¿Normal? Sí, ¡normal! ¡Crisis vienen y van! La economía crece por un tiempo y después cae, volviendo otra vez a crecer.

Las Crisis son parte de tendencias mayores y hasta cierto punto, previsibles, no siendo atribuidas al caso. Es por eso que, así como ciertos fenómenos cíclicos de la naturaleza, estas son conocidas como ejemplos de "efecto José", término elegido en homenaje al personaje bíblico José del Egipto - aquel que interpretó el sueño que el Faraón había tenido con las siete vacas gordas y las siete vacas flacas, que simbolizaban siete años de hartura y siete años de escasez o recesión.

Este episodio fue de cierta forma el primero en usar animales para representar la tendencia del mercado, vacas

---

[1] The Economist, 18 de Julio de 2009.

gordas para una economía en crecimiento y vacas flacas para una economía en recesión. Hoy, los símbolos usados por el mercado financiero son, de un lado, el toro, que con su ferocidad y lanzamientos impetuosos, representa empeño y optimismo. De otro lado, el oso, de andar pesado, símbolo de dificultad y rececion.

La historia de José es una trayectoria de un joven que llegó a Egipto como esclavo y que después de mucha lucha llegó a ser la persona más importante del país, después del Faraón. Algo como un ministro de economía de un país o un director de un CEO (Chief Executive Officer) en una empresa, entrando en escena justamente en un momento en que era necesario reestructurar una nación que en siete años tendría que enfrentar una de las mayores crisis que vendrían a asolar el país.

¿Qué hizo de José el hombre más capacitado para liderar Egipto en aquel momento? ¿Qué características ese hombre demostró tener, que trazos de carácter él reveló poseer que lo habilitaran a superar todos los prejuicios existentes en la época y a vencer todas las barreras que le fueran impuestas, permitiéndole llegar donde llegó y volviéndole apto para liderar el país en aquellos momentos difíciles y transformar a Egipto en el granero del mundo?

Traicionado por los propios hermanos, vendido como esclavo y, por fin, arrestado injustamente! ¿Qué características y habilidades le fueron necesarias para superar esa difícil situación, pudiendo así, dar la vuelta por arriba y llegar a la posición de líder y quedarse como tal por tantos años? No le bastó soñar o interpretar sueños, como tú podrás descubrir en este libro.

¡Si tú tienes una visión ilusoria de que lo que es necesario para vencer en la vida es tener un sueño, entonces despierta, pues soñar es sólo la primera parte! El sueño sirve para dar una dirección, fijar un objetivo a alcanzar, pero no garantiza la llegada a la meta o la victoria.

Si José fuera solamente un soñador, como los hermanos irónicamente lo consideraban, él jamás hubiera alcanzado lo que alcanzó.

Este libro analiza las características esenciales de José y que son también las características de cualquier persona que desea ser líder[2] en el mundo de los negocios o en la política que necesita y puede desarrollar. Por eso el título: José, Director & Presidente.

En este libro tú también tendrás la oportunidad de conocer ejemplos modernos y leer entrevistas con personas que experimentaron los altos y bajos de la vida profesional. Tú verás cómo los conceptos e ideas que hace tantos siglos fueron importantes para José aún continúan hoy tiendo para nosotros la misma importancia.

Los sueños pueden ser diferentes, pero los prerrequisitos para volverlos realidad son prácticamente los mismos.

---

[2] La palabra "líder" en este libro tiene un significado muy amplio, y está más relacionada con una persona que se realiza profesionalmente y se vuelve ejemplo en aquello hace, que con la posición de jefe de una empresa o de un país.

La capacidad de interpretar sueños fue un don de Dios, las otras características de José fueron desarrolladas, algo que tú también puedes hacer.

Si tú aún no tienes un sueño, tal vez este es el momento de soñar, con objetivos altos, pero despierto. Después, dé los pasos necesarios para concretarlo.

El propósito de este libro es ayudarlo a identificar tales pasos.

INTRODUCCIÓN

José vivía con su padre, Jacob, y con sus varios hermanos en Canaán, una región en el Oriente Cercano (la historia completa se encuentra en la Biblia, en el libro de Génesis, capítulos 37 y 39 a 50).

Jacob, padre de José era muy rico y la familia administraba una riqueza considerable, que consistía en una gran cantidad de camellos, vacas, cabras y asnos.

El patriarca mostraba claramente que prefería a su hijo José, que a los demás y, contra las costumbres de la época, intentaba ponerlo como líder, a pesar de éste no ser el primogénito. Para revelar públicamente su preferencia por José, el padre decidió distinguir al joven hijo dándole una túnica de varios colores. Jacob había cometido así un de los grandes errores de administración: nombrar un líder y pensar que por haber sido escogido por el "patriarca", los otros lo aceptarían y lo respetarían como tal.

¡El liderazgo no es dado o impuesto, es conquistado!

José no estaba apto para ser el líder de sus hermanos en aquel momento. Tenía el potencial, pero necesitaba madurar y ganar experiencia para conquistar el liderazgo de la familia. Ponerlo antes del tiempo adecuado en aquella posición fue un error cometido por el padre.

Más allá de la túnica, también los sueños de José servían para aumentar la envidia de sus hermanos, pues en esos sueños él siempre aparecía como líder de la familia.

La envidia de los hermanos de José se transformó en odio, que acabó por llevarlos a trazar un plan para matarlo. Pero, aceptando el consejo del hermano mayor, más benévolo y lleno de consideración para con el padre, desistieron de la cruel idea y decidieron venderlo como esclavo a un grupo de nómadas ismaelitas que pasaban por aquella región. Aquellos mercaderes, a su vez, llevaron al joven José para Egipto y allí lo vendieron como esclavo a un oficial llamado Potifar. Este oficial, entre tanto, reconoció en José un carácter íntegro y habilidades administrativas y, en poco tiempo, José se elevó de la posición de simple esclavo al cargo de mayordomo de la casa de aquel oficial.

Con el tiempo, la esposa de Potifar se enamoró de José y pasó a asediarlo. Pero él, firme, resistía a sus investidas, en un ejemplo de respeto y consideración a la confianza que Potifar había depositado en él. Un día en que José vino a la casa de Potifar a realizar su trabajo y no estando ahí ninguno de los trabajadores, la mujer de Potifar intentó seducirlo nuevamente, esta vez lo abordo de una forma más agresiva y directa, cogiendo sus vestidos. José, presionado, resiste y huye, desprendiéndose de la túnica. En un ataque de furia por ver su tentativa frustrada, la mujer transforma toda la pasión en odio y dice al marido que José había intentado asediarla y abusar de ella. Como consecuencia, José es arrestado.

Allí en la prisión, el carcelero también se da cuenta de las habilidades administrativas de José y pasa a usarlo como gerente de la cárcel siendo el mismo un prisionero como los demás. Pero una vez más, José tiene la oportunidad de desarrollarse profesionalmente y usar sus dones para ayudar a otros, estando él mismo en una situación tan adversa.

Después de algún tiempo, dos funcionarios importantes de Faraón, el jefe de los coperos y el jefe de los panaderos son prisioneros en la cárcel administrada por José. El primero tenía la función de inspeccionar y probar todas las bebidas servidas al Faraón, mientras que el segundo era responsable por la alimentación. Probablemente Faraón había sufrido una intoxicación alimentaria, que podría muy bien haber sido causada por una tentativa de envenenamiento por parte de algún enemigo. Pero como no se sabía si el problema había sido causado por la alimentación o por la bebida, los dos responsables fueron encarcelados hasta que las investigaciones revelasen al verdadero culpable.

Allí en la prisión, en una misma noche los dos tuvieron sueños semejantes que los perturbaron. José se ofreció para interpretar los sueños. Al copero dijo que él sería liberado y restituido al cargo. Pero la interpretación del sueño del panadero fue terrible, pues reveló que en tres días él sería muerto por orden de Faraón.

Tres días después, se cumplió la interpretación de José, de la forma como había sido predicha.

Algún tiempo después fue el Faraón quién tuvo un sueño, un sueño que lo inquietó mucho y que ninguno de sus oficiales conseguía interpretar. En ése momento el copero se acordó de José y habló al Faraón del joven prisionero que tenía la habilidad de interpretar sueños. Faraón mandó llamarlo y la gran oportunidad en la vida de José surgió. Él tuvo, finalmente, la posibilidad de demonstrar su capacidad delante de la mayor autoridad de Egipto.

Además de interpretar el sueño que preveía la aproximación de un tiempo de crisis económica, José ofreció un plan para solucionar el problema. Tal competencia e inteligencia impresionaron al Faraón de modo tal que él decidió poner a aquel joven como la segunda persona más importante de Egipto en una posición semejante a un director (o CEO) de una empresa, de un presidente o un ministro de economía de un país.

José ejerció su función a lo largo de varios años de una manera espectacular, ayudando a transformar a Egipto en el granero del mundo, solidificando la economía de tal forma que la nación resistiría de manera sólida a una crisis de siete años.

En aquella época, la región donde vivían el padre y los hermanos de José fue asolada por el hambre y ellos fueron forzados a ir a Egipto, donde había alimentos. Confrontados allí con José, sus hermanos (los mismos que lo habían vendido) no lo reconocieron, pues ni siquiera podían imaginarse encontrar allí a su hermano, mucho menos en una posición tan elevada. José, que los reconoció pronto, no reveló quién era. Lo que él hizo fue descubrir, a través de una serie de pruebas, que los hermanos habían finalmente madurado y despojado de la naturaleza violenta y envidiosa que poseían.

A estas alturas, José finalmente se revela y trae toda la familia de la región que estaba siendo castigada por la sequía, para vivir en Egipto.

Debido a la reputación de José, Faraón concedió a la familia de Jacob tierras en la región de Gosen, donde ellos se establecieron.

Una vez más, José hace justicia al título egipcio de Zafenat-Panéiah (salvador del mundo) que había recibido al ser condecorado por el Faraón como líder en Egipto.

La historia de José nos muestra de manera vívida que las adversidades deben ser usadas para construir nuestra calle rumbo al éxito. José podría seguir como esclavo de la casa de Potifar y continuar allí como tal el resto de su vida, pero él decidió hacer la diferencia. Al ser arrestado, podría haberse quedado sentado en el piso de su celda, llorando y lamentando la injusticia de que había sido víctima. Pero, el prefirió trazar otro plan. El decidió reconstruir su historia.

José utilizo todos los problemas que aparecieron delante de él cómo etapas para construir su carrera y su vida. Quien desea vencer debe hacer lo mismo, en cualquier circunstancia.

Después de estudiar en detalles la vida de este personaje bíblico, he descubierto que la montaña rusa de mi vida es minúscula delante de aquella que José necesitó enfrentar. Su historia tiene enseñanzas claras y eficientes sobre cómo superar los momentos bajos y administrar de la mejor manera los momentos altos de esta aventura.

Los siguientes capítulos exploran las características, conceptos y situaciones que fueron determinantes para el crecimiento y éxito de José, y que nosotros mismos (sin poseer el don de interpretar sueños) podemos usar para nuestro propio crecimiento profesional, independiente del área de trabajo, así como también, en la formación de nuestro carácter.

1

¡EMPIECE TEMPRANO!

"Esta es la historia de la familia de Jacob: José, siendo de edad de diecisiete años, apacentaba las ovejas con sus hermanos...".
Génesis 37:2

Solo con 23 años entré por primera vez en una empresa para hacer prácticas profesionales. Estaba casi concluyendo cinco años de Ingeniería de Materiales, pero aún serían necesarias 360 horas de trabajo supervisadas, como el último prerrequisito para mi graduación.

Así como mí caso todos los años millares de jóvenes viven la misma experiencia. Acumulan años de conocimiento teórico que desean implementar en la vida práctica, pero ven, que pronto en los primeros días de trabajo o prácticas supervisadas se sienten como un "extraño en el nido".

En la realidad el mercado de trabajo, cualquiera que sea el área, los problemas no surgen claramente descritos, con las variables bien definidas como estábamos acostumbrados a lo largo de los exámenes.

La primera reacción de un novato delante de un problema profesional es intentar acordarse de una ecuación, de una teoría, o de un concepto aprendido a lo largo del curso que venga a ayudarlo a resolver aquella cuestión. En algunos casos se tiene la impresión de que no se sabe absolutamente nada sobre aquel asunto.

Algunos hasta piensan que fue inútil pasar tantos años estudiando.

La teoría está acumulada en el cerebro, pero convertirla en una acción productiva requiere una habilidad extra, cuya mejor manera de obtenerla es "haciendo el trabajo".

El antiguo adagio es una verdad absoluta "¡la práctica hace la perfección"!

No hay nada más provechoso para aprender una profesión, que hacer en la práctica aquello que se ha aprendido en el aula.

Cualquier persona diría que esto es obvio, siendo innecesario escribir sobre el asunto, pero la realidad es otra.

Pocos son, por ejemplo, los cursos universitarios que ofrecen a sus alumnos la posibilidad de entrar en contacto directo con el mercado de trabajo, en forma de asistentes, *trainees* o prácticas supervisadas remuneradas o no, ya en la mitad del curso y mucho menos en el inicio.

Solamente un número insignificante de estudiantes buscan por sí mismos alguna posibilidad de participación en prácticas laborales en los primeros años del curso.

Cuanto más temprano se empieza en el mercado de trabajo menos dificultad encontrará el profesional en implementar en la práctica los conceptos teóricos.

El primer texto que relaciona a José en cuestión de trabajo, revela pronto su edad. El texto dice que él estaba con diecisiete años y ya trabajaba apacentando las ovejas de su padre. La narrativa refuerza la idea diciendo "José era un muchacho".

No se sabe exactamente con qué edad José inició su primera actividad profesional, pero leemos que a los 17 años ya trabajaba.

En algunas áreas de trabajo, cuanto más joven se empieza el aprendizaje práctico, mejores son los resultados. Todos sabemos cómo eso es de fundamental en áreas como música y lenguas, por ejemplo.

En el estudio realizado en la Universidad de Cornell, Karl H. Kim y sus colaboradores[1,2] usaron imágenes por resonancia magnéticas funcional (FMRI) para determinar cómo varias lenguas son representadas en el cerebro humano.

Ellos descubrieron que la lengua materna y la segunda lengua están separadas en una región del cerebro (lóbulo frontal) conocida como área de Broca, que es también responsable de las partes motoras de la boca, lengua y paladar, relacionadas obviamente con los movimientos de la lengua hablada. En contraste, las dos lenguas mostraron poca separación en la activación del área de Wernicke (un área del cerebro en la parte posterior del lóbulo temporal), que es responsable de la comprensión de la lengua.

Al analizar el cerebro de personas bilingües desde la infancia, verificaron que tales individuos no presentaban separación espacial en el área de Broca ni en el área de Wernicke para las dos lenguas, indicando que, por lo menos en términos de activación cerebral, las mismas regiones controlaban sus habilidades para procesar ambas lenguas.

Este estudio sugiere que la dificultad de los adultos en aprender un idioma no está en el entendimiento de las palabras del segundo idioma, pero si, en las habilidades motoras de formar las palabras con la boca y con la lengua. ¡Así nada mejor que hablar para aprender un idioma! Lo que parece también obvio: Por lo tanto, la mayoría de los cursos de idiomas ofrece a los participantes solamente la oportunidad de "oír y leer".[3]

El ideal para la formación de un futuro profesional es ponerlo en contacto directo con el mercado de trabajo lo más temprano posible, obviamente deben ser respetados los límites de cada estudiante, evitando sobrecargas innecesarias.

Algunas universidades ofrecen programas a través de los cuales los alumnos son colocados en contacto con el mercado de trabajo ya en los primeros años del curso, lo que les permite, temprano, adquirir una valiosa experiencia profesional.

Un ejemplo de tal programa es el "Cooperative Education" (educación cooperativa) o "co-op", ofrecido por algunas universidades. Se trata de un método estructurado, que combina la educación típica de clase de aula con la experiencia práctica. Tal idea de incorporar el aprendizaje práctico el que se ha aprendido en las clases, en aulas de una universidad, empezó con Herman Schneider (1872-1939), al concluir que la enseñanza tradicional era insuficiente para los alumnos de cursos de áreas técnicas.[5]

La primera universidad en establecer el programa fue la universidad Cincinnati[5] en los Estados Unidos de la América en 1906.

El "co-op" proporciona créditos académicos y experiencia profesional, ayudando de esta forma a los jóvenes a hacer la transición del campo teórico hacia la práctica. Se aprende la profesión a través de un desarrollo activo en el mercado de trabajo, además es una excelente oportunidad para ya en los primeros años de facultad, alargar la red de contactos.[6]

La universidad de Waterloo en el Canadá, por ejemplo, tiene el más grande programa "co-op" del mundo, con once mil estudiantes y tres mil empleadores, además de un website completamente automatizada para el programa. Los cursos de Ingeniería que tienen una duración de 5 años ofrecen un programa "co-op", que incluye 24 meses de trabajo supervisado en empresas de innumerables áreas de trabajo[7].

Para obtener más informaciones sobre el programa "co-op" he entrado en contacto con la ingeniera química Dimpy Gupta, canadiense y ex alumna de la Universidad de Waterloo, que ahora trabaja como ingeniera en la mundialmente conocida Johnson & Johnson.

He hecho inicialmente el contacto con ella por correo electrónico, tuve más tarde la oportunidad de encontrarla personalmente en Zuriqués. En esta ocasión, ella me dio un esclarecimiento cautivante de cuan valiosas son las prácticas supervisadas para el desarrollo profesional de cualquier joven. Vea la entrevista a seguir:

¿Hasta qué punto el programa co-op te ha influenciado en la elección de la Universidad de Waterloo?

Dimpy: Co-op fue la principal razón para yo elegir Waterloo. Yo solamente había entrado en contacto con universidades que ofrecían este programa. Lo decisivo en la elección de Waterloo fue que, en comparación con otras, esa Universidad proporciona a los estudiantes la oportunidad de trabajar en un mayor número de empresas.

¿Cómo funciona el programa?

Dimpy: Cada cuatro meses, mis clases eran alternadas con trabajo en una empresa. Durante los cuatro meses en que estábamos en la universidad, nosotros participábamos de todos los cursos. Era en ese periodo que teníamos la oportunidad de enviar el currículo para empresas y comparecer a entrevistas y también discutir oportunidades de empleo como si fueran situaciones reales.

¿A partir de qué semestre tú empezaste a tener experiencia en empresas?

Dimpy: Tres semanas después de entrar en la facultad, juntamente con la mitad de la clase, buscando empleo y, cuatro meses después, yo ya estaba trabajando en mi primer empleo. La otra mitad de los alumnos debería empezar el trabajo ocho meses tras el inicio del curso. Las clases fueron así separadas para que todos tuviesen acceso a las oportunidades de trabajo.

¿En cuántas empresas o proyectos tú hiciste prácticas o trabajaste durante los cincos años de universidad y cuál era la duración media de una práctica?

Dimpy: Nosotros tuvimos seis prácticas "co-op", cada una con una duración de cuatro meses. Yo decidí hacer prácticas en la Nortel dos veces, así he trabajado en total en cinco empresas. Por causa de un programa de intercambio en Suiza, mis horarios necesitaron ser cambiados y trabajé por dos meses en la SurroMed y seis meses en la Novartis. Las otras prácticas duraron cuatro meses cada una.

Sin duda, tales experiencias profesionales sirvieron para destacarla de otros ingenieros recién formados a la hora de intentar ingresar en el mercado de trabajo. ¿En tu opinión, viste en tu primer empleo después de tu formación alguna diferencia en relación a los otros candidatos o colegas que no tuvieron tales oportunidades?

Dimpy: Sí, mucha diferencia. Nosotros (ex alumnos del "co-op") pensábamos de manera más práctica como profesionales y tenemos un estilo de pensamiento menos académico. Dependiendo del tipo de trabajo, las personas tienen una mente más abierta, ya que conocieron una diversidad más grande de empresas. Esto las vuelve también más abiertas para la cuestión de desplazamiento y viajes de trabajo. También estamos mejor preparados para enfrentar la búsqueda de empleo y el someternos a entrevistas. Mis amigos que participaron del programa "co-op" y realizaron buenas prácticas obtuvieron puesto de trabajo, con salarios más altos, en comparación con los otros que quedaron fuera del programa. Pero, yo supongo, que ese resultado está relacionado con las áreas de trabajo que cada uno ha elegido, no siendo representativo para el 100% de los casos.

Pero la cuestión, está más en la experiencia que el individuo es impelido a buscar y crear que del programa "co-op" en sí mismo. El "co-op" fue una oportunidad para hacer las cosas de manera más fácil y crear opciones, pero no es un billete mágico.

Tú has mencionado dos empresas donde hiciste prácticas, en áreas completamente distintas: Nortel (telecomunicaciones) y Novartis (industria farmacéutica). ¿Lo que tú aprendiste en la Nortel te ayudó en la Novartis y que hasta hoy te ha sido de utilidad en el área biomédica?

Dimpy: Además de estadística, habilidades sociales y trabajo en equipo, yo también aprendí a trabajar en una "sala limpia", donde el control es más rigoroso que en las salas limpias, en el área de la industria médica. Antes de ir para la Nortel yo ya había trabajado para una empresa de explotación minera, donde operaba con equipamientos pesados. La Nortel fue para mí una buena plataforma de transición para el trabajo con equipamientos de escala de laboratorio.

Entonces, tú también trabajaste para una empresa de explotación minera. ¿Cómo fue tu experiencia?

Dimpy: Más específicamente, en la unidad de procesamiento con cianuros, en una explotación minera de carbón que usaba un proceso ecológicamente correcto, pues como debes saber, la industria de explotación minera hace bastante polución. Hasta yo misma tuve que recolectar muestras en los turnos nocturnos.

¿Por qué volviste a hacer prácticas en le Nortel?

Dimpy: Fue una oportunidad de solidificar mis conocimientos y crecer en aquello que yo ya había aprendido. Bajo la supervisión de un ingeniero, yo optimizaba máquinas y escribía informes. Recientemente, en la entrevista para mi último empleo, yo comenté sobre un programa para la colecta de datos que yo venía desarrollando durante el "co-op" y en esa ocasión, el entrevistador, que es ahora mi actual jefe, quedó muy interesado en la posibilidad de utilizar aquella herramienta en la empresa. Esto muestra cuán importante es solidificar lo que se aprendió en el pasado.

Ahora yo quiero tener mis propios alumnos de "co-op".

Si pudiera volver atrás, ¿qué harías de forma diferente?

Dimpy: habría mantenido más contacto con mis ex supervisores.

Empezar temprano con las actividades profesionales aún presenta otra ventaja que es poder participar de un mayor número de proyectos y actuar en áreas distintas.

Fue con la oportunidad de participar de prácticas en empresas de áreas tan diferentes que la ingeniera Dimpy Gupta consiguió ampliar su horizonte de conocimientos, lo que le posibilitó establecer conexiones entre áreas aparentemente sin relación alguna, viniendo asimismo, a desarrollar nuevas habilidades.

Obviamente, el caso de Dimpy Gupta es un excelente ejemplo para cualquier estudiante universitario. Por eso, no es necesario esperar entrar en la universidad para iniciar la búsqueda de experiencias profesionales. Es posible comenzar con las actividades profesionales antes del curso universitario. En verdad tú puedes empezar tu propio negocio antes de dar inicio a la universidad.

En el verano de 2009, visité la ciudad de Panevezys, en la Lituania (con una población de poco más de 110 mil habitantes), donde conocí a él joven Rokas Lukosevicius, que con solamente 15 años fundó la Rock Skateshop, una de las tiendas más famosas en el área de skateboard en toda la región báltica. Hoy, con 17 años, es uno de los líderes del mercado báltico en la venta de productos para la práctica de este deporte. También resolví entrevistarlo para entender mejor como alguien tan joven consiguió desarrollar tan rápidamente las habilidades necesarias para liderar una empresa.

¿Cuál fue tu primer empleo?

Rokas: Yo empecé a trabajar cuando vivía en Inglaterra, con la edad de 14 años. Mi función era entregar periódicos.

¿Cómo surgió la idea de iniciar una Skateshop?

Rokas: Yo tuve esa idea cuando tenía 13 años. Yo había percibido que el mercado para skateboard en Lituania estaba libre. Antes, yo estaba buscando un mercado mayor como la industria de madera o alimentación. Pero pensé que en aquella época esas áreas industriales ya estaban dominadas.

¿Tú tienes una idea de cuántos skatistas existen en la región báltica? ¿Cuál es el tamaño del mercado en los países bálticos, en general, y en Lituania, en particular?

Rokas: Yo creo que hay entre tres mil y cinco mil skatistas en la región báltica, de los cuales más o menos mil están en Lituania. El mercado lituano es muy pequeño y tengo que trabajar individualmente con casi cada cliente para tener así una idea de los productos que ellos quieren. Un mercado tan pequeño acarrea un trabajo muy grande.

¿Cuánto del mercado has conquistado? y ¿Cuánto tiempo duró para que el negocio se volviera rentable?

Rokas: Yo pienso que ya conquisté 60% a 80% del mercado lituano. Mi negocio se volvió rentable poco después de vender las primeras tablas de skate.

¿Cómo conseguiste dinero para abrir tu tienda?

Rokas: Trabajando como repartidor de periódicos en Inglaterra. Empecé mi negocio con 200 euros.

¿Tú aprendiste algo como repartidor de periódicos que te pueda ayudar hoy?

Rokas: Esa actividad me enseñó cuán ruin puede ser la vida si tú no vas a la escuela.

Administrar un negocio necesita varias habilidades, como por ejemplo, capacidad de organización, talento para ventas, potencial para tratar con distribuidores y empleados, además de exigir conocimientos sobre impuestos, etc. De todo eso, ¿qué es lo que representó o representa para ti la cosa más complicada?

Rokas: Para mí, la parte más complicada es tratar con las autoridades de la aduana de Lituania, ya que yo importo varios productos de los Estados Unidos Todas las veces que los productos llegan, yo necesito "trabajar" mucho para conseguir la liberación del material.

¿Cómo reaccionaron los clientes al comienzo, cuando vieron un empresario tan joven?

Rokas: La reacción fue muy normal. Los clientes se preocupan más por lo que están comprando que por el vendedor.

¿Cómo conseguiste conciliar la escuela con el negocio?

Rokas: ¡Fácil! Yo tengo mucho tiempo disponible después de la escuela.

¿Cuáles son tus planes para el futuro?

Rokas: Estoy pensando en iniciar un nuevo negocio en la Groenlandia. ¡El cambio climático está abriendo nuevas fronteras!

Si pudieras volver atrás ¿qué harías de forma diferente?

> **Rokas:** Si yo tuviera que empezar todo nuevamente, yo trabajaría mucho más. Pues el éxito solo se alcanza con mucho trabajo.

Trabajar como repartidor de periódicos no sirvió solamente para mostrar a Rokas que estudiar es importante, pero fue todo lo que él necesitaba para obtener los fondos necesarios para iniciar su propio negocio, sin buscar préstamos.

La mejor manera de cómo un futuro empresario se prepara para iniciar su propio negocio es hacerlo mientras está trabajando en alguna empresa, teniendo la oportunidad de acumular conocimiento y obtener los fondos necesarios para recurrir al mínimo posible de créditos.

Los casos de Dimpy y Rokas, a pesar de las diferencias, traen un punto en común que fue determinante para el suceso: ¡empezar temprano!

En el caso específico del joven José, vemos que sus habilidades administrativas empezaron a desarrollarse al asumir la tarea de pastorear ovejas. Traicionado por los hermanos y vendido a los ismaelitas, es llevado como esclavo para la casa de un importante oficial del gobierno egipcio, donde tiene la oportunidad de mostrar sus habilidades. Pasa a ser allí el mayordomo de aquel oficial, volviéndose el "gerente" de aquella casa. José asumió la administración de todos los bienes de Potifar, como dice el texto bíblico:

"Llevado, pues, José a Egipto, Potifar oficial de Faraón, capitán de la guardia, varón egipcio, lo compró de los ismaelitas que lo habían llevado allá. Más Jehová estaba con José, y fue varón próspero; y estaba en la casa de su amo el egipcio. Y vio su amo que Jehová estaba con él, y que todo lo que él hacía, Jehová lo hacía prosperar en su mano. Así halló José gracia en sus ojos, y le servía; y él le hizo mayordomo de su casa y entregó en su poder todo lo que tenía. Y aconteció que desde cuando le dio el encargo de su casa y de todo lo que tenía, Jehová bendijo la casa del egipcio a causa de José, y la bendición de Jehová estaba sobre todo lo que tenía, así en casa como en el campo. Y dejó todo lo que tenía en mano de José, y con él no se preocupaba de cosa alguna sino del pan que comía...."

Génesis 39:1-6

A pesar de estar ejecutado un excelente trabajo en aquella casa, José perdió su posición al ser acusado de asedio sexual, siendo despedido injustamente de su cargo.

Por segunda vez, José perdió todo lo que había construido.

Ser despedido puede ser devastador para la mayoría de las personas, aunque ser detenido y aún en la cárcel es una experiencia terrible para cualquier persona. Pero, como un líder nato, José obtuvo fuerzas para levantarse y recomenzar su jornada y rehacer su historia.

Allí en la cárcel, él conquistó la confianza del carcelero y pasó a ser el "gerente" de la prisión, como está escrito:

"Y el jefe de la cárcel entregó en mano de José el cuidado de todos los presos que había en aquella prisión; todo lo que se hacía allí, él lo hacía".

Génesis 39:22.

José aceptó el desafío de administrar una prisión y lo hizo de la mejor manera posible. Aquel que desea perfeccionarse en su profesión o se vuelve líder o va a ser un ejemplo en aquello que hace, debe estar dispuesto a administrar todo lo que le venga al alcance, sean países, empresas o prisiones. Todo y cualquier trabajo o proyecto debe ser visto como una oportunidad de ganar experiencia, de aprender, crecer, contribuir y luchar para que aquel proyecto sea prospero.

José no se conformaba con hacer solamente lo necesario, él estaba dispuesto a ir allí para hacer prosperar su trabajo. Debemos recordar que él no entró en la cárcel para ser gerente, entró como un prisionero, pero tenía firme en su mente que no había nacido para ser un prisionero y pasó a buscar dentro de la prisión la oportunidad para crecer. José no esperó ser ministro de Estado para mostrar sus capacidades, no esperó la "oportunidad su vida", él hizo de las "pequeñas" oportunidades etapas para construir su carrera, que lo llevarían a la meta.

En el desarrollo de la habilidad de liderar y ejecutar proyectos, nada es más valioso que tener experiencias prácticas, por ejemplo, liderando pequeños grupos, sea en la escuela, en la empresa, en la iglesia o lo mismo en un equipo deportivo de niños del barrio, etc...

La actitud de encarar los "pequeños proyectos" de manera seria, ayudará a la persona a desarrollar la habilidad de tomar las mejores decisiones en los grandes proyectos.

El área del proyecto no hace la diferencia, pues ciertas habilidades como trabajo en equipo, capacidad de delegar poderes, de ejercer autoridad, resolver conflictos y de cobrar resultados, son comunes en todas las áreas de la administración. ¡Por lo tanto, no desprecie ninguna oportunidad!

¿Quién imaginaría que un pastor de ovejas estaba siendo preparado para volverse un líder de otro país?

La primera lección que un joven necesita aprender con la historia de José es que para sobresalir como profesional es necesario adquirir experiencias prácticas y empezar temprano.

Si tú aún no tienes experiencia profesional o no has iniciado ahora un curso universitario o profesionalización, busca lo más pronto posible alguna oportunidad de empleo o práctica, aunque no sea remunerado, pues en esta fase es necesario tener en mente que tú estarás invirtiendo en tu futuro y las experiencias adquiridas en esos "pequeños" proyectos serán pasos firmes para el crecimiento profesional. Además de eso, tú eliminarás una de las mayores barreras para conseguir el primer empleo, la tan famosa "falta de experiencia".

El Apéndice de este libro tiene una lista (Material adicional) de varias profesiones y cursos universitarios con ejemplos de lugares donde sería posible hacer prácticas para complementar la educación. También son presentadas sugerencias de proyectos que pueden ser ejecutados y utilizados para impulsar la carrera de cualquier principiante.

Cada quien se esfuerza para conseguir tales oportunidades, pues tú debes ser la persona más interesada en tu propio éxito.

¡Empiece lo más pronto posible!

"Los que reconocen ciencia en el trabajo más humilde, verán en él nobleza y belleza, tendrán placer en hacerlo con fidelidad y eficiencia"

Ellen G. White
(Consejos a los Maestros, Padres y Alumnos).

2

EL LENGUAJE CORPORAL

"Vino a ellos José por la mañana, y los miró, y he aquí que estaban tristes. Y él preguntó a aquellos oficiales de Faraón, que estaban con él en la prisión de la casa de su señor, diciendo: ¿Por qué parecen hoy mal vuestros semblantes?"
Génesis 40:6-7

A lo largo de las investigaciones de un caso de estupor, en una reserva indígena en el Estado americano del Arizona, uno de los sospechosos fue interrogado por el agente del FBI, Joe Navarro. Las palabras del sospechoso eran convincentes, todo indicaba que él era inocente. Entre tanto, el agente percibió que mientras el sospechoso explicaba que no había visto la víctima ése día y que mientras estaba en el campo había "virado a la izquierda", su mano indicaba la derecha, que era exactamente el camino hacia al sitio de la escena del crimen. Aquella simple discrepancia entre las palabras del sospechoso y su lenguaje corporal hizo que el agente percibiese que algo estaba equivocado y que aquel hombre estaba mintiendo. Después de confrontarlo nuevamente, el sospechoso admitió el crimen. Éste es uno de los primeros casos descritos por Joe Navarro en su libro What every BODY is saying[1], que rápidamente se convirtió en un clásico sobre lenguaje corporal.

De modo semejante, al entrar en la celda del copero y del panadero, José percibió inmediatamente que algo estaba errado, sencillamente al observar sus caras él insistió para que aquellos hombres declarasen lo que estaba ocurriendo.

Roger Ailes, consultor de Medios de Comunicación de diversos presidentes americanos, co-autor del libro You are the Message: Secrets of Master Comunicators, declara que "la expresión facial es frecuentemente el área de la comunicación no verbal más difícil de controlar, sabiendo que somos inicialmente enseñados a que nuestras caras nos pueden denunciar. Mucha gente, particularmente en el mundo ejecutivo, congela sus caras independientemente del estado emocional en que se encuentran".

Es muy común percibir que un amigo, compañero de trabajo o familiar muestra en su cara una expresión de preocupación, enfado o miedo. Pero al indagar sobre que está sucediendo nos conformamos con respuestas del tipo "¡está todo bien!".

Gracias a su capacidad de entender el lenguaje corporal, José abrió las puertas para un cambio completo en su vida. La habilidad de José en interpretar sueños no se revelaría, si primero, él no hubiera utilizado la habilidad de interpretar las expresiones corporales.

La lectura corporal es probablemente una de las habilidades más importantes para el crecimiento en cualquier área profesional. Quien entiende el lenguaje corporal entiende lo que está sucediendo a su alrededor, sin necesidad de palabras.

Tú necesitas aprender el lenguaje corporal para saber el momento justo de hablar y de callar, para saber cual es el mejor momento para actuar, para salir, en fin, para asumir cualquier actitud. De esta manera, sus acciones obtendrán los mejores resultados.

No es el objetivo de este libro entrar en los detalles de las teorías sobre lenguaje corporal, teniendo en vista, una amplia literatura en esta área.[1-12] Pero es necesario enfatizar que la capacidad de entender el lenguaje corporal es una excelente herramienta para el crecimiento profesional, siendo indispensable para un líder.

"¿Qué ha pasado?", "¿Qué realmente está sucediendo?", "¿Qué cosa te está perturbando?", "¿Por qué estás preocupado(a)?", son preguntas que abren el camino para grandes descubrimientos.

En el tan famoso estudio dirigido por Albert Mehrabian[13] se ha descubierto que solamente el 7% de la comunicación viene de palabras habladas, en cuanto el 38% viene del tono de la voz y el 55% del lenguaje corporal. Entre tanto, vale destacar que Mehrabian estaba apenas haciendo referencia a los casos que expresan sentimientos y actitudes[14].

Debes poder tener en consideración, que algunas personas que sufren de desorden de comportamiento (autistas, por ejemplo, cuyo desorden de desarrollo afecta la comunicación y la reciprocidad emocional), utilizan e interpretan el lenguaje corporal de manera distinta. Por lo tanto, interpretar los gestos suyos o expresiones faciales en el contexto del lenguaje corporal normal puede llevar a malos entendidos, si no supiera hacerlo correctamente. Lo mismo ocurre con personas de otras culturas, cuyo lenguaje corporal es influenciado por factores sociales y culturales locales, que no solo utilizan, en algunos casos lenguaje corporal diferente del nuestro, justamente por este motivo, pueden interpretar el lenguaje del cuerpo de manera diferente.[15] Se puede decir, por lo tanto, que el dominio de factores culturales, sociales y hasta psicológicos, es indispensable para la comunicación y el entendimiento. Así mismo dentro de sus limitaciones, un líder necesita aprender a "leer" y "hablar" correctamente el lenguaje corporal. ¡Por lo tanto, no ignore la comunicación no verbal!

Despreciar el mensaje transmitido por el lenguaje corporal es desechar una importante parcela de informaciones que están siendo ofrecidas o ignorar el hecho de lo que está sucediendo a su alrededor.

La habilidad para entender el lenguaje corporal se vuelve crucial en el mundo corporativo, donde los líderes erróneamente creen que pueden obtener todas las informaciones que necesitan por el simple hecho de tener autoridad.

Es necesario tener en mente que pocos son los funcionarios que están dispuestos a dar al líder todas las informaciones disponibles, especialmente, si la noticia no es buena.

En 1991, John Byrne creó la expresión "CEO disease" (enfermedades del CEO),[16] que él define como "un vacío de informaciones al alrededor de un líder, creado cuando las personas retienen informaciones importantes, normalmente desagradables". En otras palabras, en general el líder no recibe todas las informaciones necesarias pertinentes a un determinado asunto, especialmente si hay noticias negativas relacionadas.

¿Por qué los funcionarios no reciben todas las informaciones de que disponen? Uno de los motivos obvios para esto, es el factor de que a ninguno le gusta ser mensajero de malas noticias.

En su libro The New Leaders[17], Goleman analiza la cuestión mostrando que este factor es aún más común en el caso de los líderes que sufren el "síndrome" de comandante-en-jefe. Así, algunos subordinados deciden solamente trasmitir buenas noticias con miedo de ser ejecutados simbólicamente. Otros repasan solamente noticias buenas y agradables con el objetivo de ser vistos como "buenos ciudadanos" o con miedo de ser considerados "herejes".

Cualquiera que sea el motivo, el resultado es que el líder permanece mal informado, conociendo sólo parcialmente lo que está sucediendo a su alrededor. Tal problema puede volverse una epidemia y se alimenta del instinto natural de "agradar al jefe".

Cuanto más alta la posición ejercida por un líder, menor será la probabilidad de recibir informaciones necesarias.[18] La situación todavía se vuelve más crítica cuando el líder es una mujer o miembro de alguna minoría.[19-21]

Así, una de las maneras de evitar la enfermedad del CEO es dominar el arte del lenguaje no verbal

La habilidad de leer el lenguaje corporal se vuelve fundamental para cualquier profesional que necesita hacer presentaciones públicas. Cuanto mayor el grupo, mayor será el número de mensajes no-verbales que deben ser entendidas por el orador.[22] El fruncir el ceño, por ejemplo, tal como mirar la pared y hojear libros y revistas, bien como la utilización de equipaje electrónico son apenas algunos ejemplos de cómo el público empieza a "protestar" contra el tema o contra el comunicador.

Por tanto, quien desea o necesita hablar a un determinado público, necesita estar preparado para saber cómo atraer y prolongar la atención de los oyentes. El lenguaje corporal es, en éste como en otros casos, una de las mejores herramientas. Sabiendo que nuestros ojos tienen la tendencia de acompañar los movimientos de las manos[1] (es de esta manera que los ilusionistas usan las manos para despistarnos mientras realizan sus trucos), una óptima manera de conseguir mantener la atención del público es dar más expresión a estos movimientos. Si tiene la oportunidad, vea un video de algún orador famoso, observe como utiliza él los movimientos de las manos para explicar sus ideas.

Cuando viví en Canadá tuve la oportunidad de conocer a Bill Santos, director y presentador del exitoso programa televisivo "Está Escrito". Bill es formado en teología, trabajó por 17 años como consultor empresarial. Desde 2004 dirige y presenta el referido programa. Todas las semanas Bill es visto por la TV e internet por millares de personas. El programa es gravado en dos idiomas: inglés y portugués. Su trabajo es conocido no solo en Canadá y Estados Unidos, sino también en los países de lengua portuguesa como Brasil, Portugal, Angola, Mozambique, Cabo Verde, y otros.

A lo largo de las grabaciones, Bill pasa horas al frente de una cámara sin ver la reacción inmediata del público. Pero el mensaje que él transmite para el público no está en las palabras, sino también en los gestos y en las expresiones faciales. Resolví charlar con Bill sobre la importancia del lenguaje corporal en su profesión. Vea la siguiente entrevista.

¿Hasta qué punto es importante para su trabajo el lenguaje corporal?

Bill: El 93% de lo que las personas obtienen de mi mensaje es lo que ellos recordaran de mí (de ti o de cualquier otra persona) están basados en lo visual y en el tono de voz, siendo que las palabras en si cuentan sólo el 7%. De estos 93%, el 55% corresponde al lenguaje corporal. Cuando hay una contradicción entre sus palabras y su tono de voz y el lenguaje corporal, las personas creerán aquello que el tono de voz y el cuerpo presentan y no en las palabras.

¿Debido a tu profesión tienes experiencia en ajustar el lenguaje corporal con las palabras habladas, pero dónde es más complicado "hablar" el lenguaje corporal correctamente, en frente de las cámaras o delante del público?

Bill: Viendo que la mayor parte de mis presentaciones son delante las audiencias reales, el contacto directo con el público se tornó "natural" para mí, pues ver las personas directamente me hace sentir más a gusto. Ya que el estudio de TV, lo considero un ambiente un poco artificial, de forma que yo necesito esforzarme para visualizar las personas y yo también necesito sentirme cómodo con la materia a ser presentada, en caso contrario mi lenguaje corporal parecerá un poco forzado.

¿Cuáles son los "mensajes" más comunes que la audiencia envía por lenguaje corporal cuándo está perdiendo el interés en lo que el orador está presentando?

Bill: La manifestación más evidente de disgusto del público es cuando ellos disparan verduras podridas!!! Pero, hablando seriamente, tiendo a controlar el nivel de inquietud del público, pues si manifiestan inquietud esto es una señal de que mi mensaje y la necesidad de los oyentes no están alineados. La teoría de la comunicación nos dice que las personas oirán solamente un mensaje en la medida que este toca sus necesidades o corresponde a sus valores u objetivos. Por lo tanto, si un público no está "oyendo", esto significa para mí que el análisis que yo hice sobre la audiencia estaba equivocado y mi mensaje no está conectándose con el público. O sea, la cuestión está más en mí que en el auditorio.

¿Es común ver oradores que no se sienten cómodos con sus propias manos, obviamente delante del famoso dilema "no-sé-donde-colocar-las-manos". Podrías dar algunos consejos prácticos para los jóvenes profesionales que necesitan pasar por una entrevista o hacer una presentación, pero no saben cómo controlar el lenguaje corporal?

Bill: Si tú te encuentras "cara-a-cara" con el problema, como por ejemplo, en una entrevista de trabajo, y estás nervioso, pero no quieres que el lenguaje corporal revele tu estado psíquico, entonces puedes usar la técnica llamada "mirroring" (reflejo, espejo). De forma simple, el "mirroring" es un recurso que consiste en hacer que tu lenguaje corporal utilice "pistas" de la otra persona. En otras palabras, tú imitas de forma discreta y con 30 segundos de retardo, el lenguaje corporal de las personas con quién estás hablando. Esto significa que tú, de manera discreta, vas a ser la réplica de tu interlocutor, haciendo lo que él hace, pero 30 segundos después. Si él se inclina para adelante tú hazlo también 30 segundos después, si él se pone las manos en el cuello, imítalo 30 segundos después,... Pero esto, puede ser hecho sólo cuando es tu interlocutor el que está hablando. Cuando llega tu turno, para de imitar. Ahora, tú eres el líder de la conversación observa si ellos te imitan. Si esto ocurre, entonces sabrás están en sintonía. Para presentaciones públicas, sugerimos que practiques el lenguaje corporal delante de un espejo, tratando de detectar gestos que puedan eventualmente presentar un mensaje contrario a lo que estás diciendo. Recuerda que las personas observarán tu lenguaje corporal y quitarán de ella el verdadero contenido del mensaje. La conclusión que yo puedo sacar de todo eso es que los aspectos más importantes para presentaciones públicas a fin de influenciar en el público son: preparación, integridad y confianza (no necesariamente en este orden).

¿Es sabido que no son apenas los gestos y las expresiones faciales las que trasmiten el mensaje.

También su pelo y su modo de vestir son puntos de referencia para el público. Cuáles son, en tu opinión los tres o cinco puntos más relevantes en el lenguaje corporal de alguien que quiere ser visto como una "persona de confianza"?

Bill: Una de las cuestiones de gran importancia es el vestuario. En cualquier ocasión es importante vestirse bien, siendo mejor estar "súper-ordenado" que "sub-ordenado". Es siempre mejor estar muy bien vestido y ver que podría estar vestido algo más informal que lo contrario. Otro elemento clave es el contacto visual (eye contact). Cuando hable para un gran público, busque observar y abarcar con la mirada todo el público. En el caso de un grupo pequeño, tú debes hacer el contacto visual con cada individuo, pero no olvidando, que sus ojos deben siempre volverse para cada persona responsable de las decisiones.

Comprender el lenguaje corporal no es sólo útil en la vida profesional, puede en algunos casos ser la única manera de evitar una tragedia. A través de ese lenguaje, las mujeres, en general, pueden percibir la aproximación de un violador o de un ladrón, antes de que esté muy cerca para atacar. Observando las actitudes de los hijos o ciertos cambios de comportamientos y expresiones faciales, los padres pueden percibir si ellos están envueltos con drogas u otras actividades ilícitas, antes de que sea muy tarde. También a través del lenguaje corporal, los cónyuges pueden ver cuando hay algo equivocado en la relación, teniendo así, tiempo para tratar de resolver el problema.

Ciertas personas o ciertos grupos de personas tienen más facilidad de comprender el lenguaje corporal que otras. Se ha verificado que en algunos casos ese fenómeno es determinado por el ambiente en que viven o la cultura a la que pertenecen. Personas, por ejemplo, que pertenecen a las clases discriminadas tienen, a través de la lectura corporal, una mayor facilidad en ver cuando alguien está actuando de manera discriminatoria.

En 1978, Steven A. Rollman publicó un excelente artículo mostrando que los negros americanos tienen una mayor facilidad de percibir mensajes no verbales con contenido discriminatorio que los compatriotas blancos.[23] Lo más interesante del estudio fue mostrar que, además, los negros americanos tienen mayor habilidad en interpretar el lenguaje corporal de los blancos que los propios blancos entre ellos. Entre las causas de ese fenómeno están:

1) La cultura. Se cree que culturas más gestuales interpretan más acertadamente los movimientos corporales.[24]

2) La práctica. Los negros americanos son más gestuales que los blancos, habiendo sido por muchos siglos objetivo de discriminación, que los volvió más sensibles para captar y

descifrar los mensajes corporales discriminatorios trasmitidos por los blancos.

Este principio probablemente también se aplica a personas que viven en regiones peligrosas, o bajo constante estrese. A través de la emisión de mensajes no verbales, tales personas desarrollan la habilidad de ver la aproximación de una situación adversa.

Pero, aquellos que desean aprender el lenguaje corporal deben estar dispuestos a observar lo qué está ocurriendo en su alrededor. Se hace necesario un constante adiestramiento de la observación cautelosa para aprender a distinguir las informaciones no verbales. Para desarrollar lo mejor posible la habilidad de la lectura corporal, es importante también, hacer un estudio cauteloso de la teoría del lenguaje corporal y observar en el día a día como funcionan sus mecanismos. La comprensión y el dominio de ese lenguaje van a proporcionarte una herramienta de gran valor, que podrá ayudarte a construir un futuro brillante o escapar de una situación peligrosa.

Las referencias 1 a 22 (ver referencias) contienen indicaciones de libros y websites con consejos que pueden ayudarte en el desarrollo de la lectura corporal. Pero, quiero, destacar que, a pesar de presentar estas referencias, yo no las respaldo totalmente ni siquiera estoy de acuerdo con todos los puntos o técnicas presentadas. De esa manera, quiero aconsejar al lector "filtrar" las informaciones obtenidas y compararlas con otros libros, también observar en su propia experiencia en qué medida ellas son fidedignas. Pero, considere el factor que el movimiento de las manos, una sonrisa forzada, la posición de los pies o el parpadeo de los ojos no son suficientes para llegar a cualquier conclusión, ellos solamente ayudan y nos muestran que tiene una posibilidad. Por tanto, sea cauteloso al "leer" el lenguaje corporal y sacar conclusiones al leer los libros sobre ese asunto. Recuerde que la palabra, probablemente, no significa el 100%.

La observación cautelosa del lenguaje corporal es una excelente herramienta en la vida profesional, así como en cualquier otro sector de la vida personal, pero cuando es mal utilizada esa herramienta puede estorbar, llegando esta misma a causar perturbaciones en el individuo, haciendo de él un paranoico, que saca conclusiones precipitadas y juzga erróneamente las actitudes de las personas y todo lo que sucede alrededor. ¡Por lo tanto, sea cauteloso, pero no desprecie está súper herramienta!

"Cuando el lenguaje verbal trasmite un mensaje diferente del lenguaje corporal, probablemente la boca está mintiendo"
Venos Coleman, (People Watching)

3
Network

"Acuérdate, pues, de mí, cuando tengas ese bien, y te ruego que uses conmigo de misericordia y hagas mención de mí al Faraón, y me saques de esta casa".
Génesis 40:14

Es muy difícil crecer en la vida profesional sin contar con la ayuda de nuestros amigos o conocidos. En otras palabras, sin una red de relaciones (network), el acceso a la vida profesional es extremamente dificultoso.

Recientemente, he hecho una pequeña encuesta entre conocidos y amigos de las más diferentes profesiones (ingenieros, investigadores, profesores, secretarios, periodistas, limpiadores, directores de empresas, y otros.), preguntándoles como ellos consiguieron el primer empleo, el segundo y el empleo actual.

Formulé el cuestionario de la siguiente manera:

1- ¿Cómo conseguiste tu primer empleo?

a) A través de alguna persona conocida (network personal).

b) Enviando el currículo (CV) como respuesta a algún anuncio de empleo, directamente a una empresa, a una agencia o para ser candidato de un concurso público.

2- ¿Cómo conseguiste tu segundo empleo?

a) A través de alguna persona conocida (network personal).

b) Enviando el currículo (CV) como respuesta a algún anuncio de empleo, directamente a una empresa, a una agencia o para ser candidato de un concurso público.

3- ¿Cómo conseguiste tu empleo actual?

c) A través de alguna persona conocida (network personal).

d) Enviando el currículo (CV) como respuesta a algún anuncio de empleo, directamente a una empresa, a una agencia o para ser candidato de un concurso público.

El objetivo de este pequeño cuestionario, que envié por correo electrónico a todos mis contactos y grupos de los cuales hago parte, fue verificar si en el proceso de busca y obtención del primer empleo y de otros, conseguidos en la fase de ascensión profesional, había alguna tendencia que caracterizase los resultados.

El resultado no podría ser más obvio. El número de personas que consiguió el primer empleo simplemente enviando sus currículos en respuesta a un anuncio o a través de un concurso público fue de 41%, contra 59% que consiguieron el empleo a través de la indicación de un amigo o de un conocido. O sea, la mayor parte de las personas consigue el primero empleo a través de su red de relaciones.

En el caso del segundo empleo, observaron los mismos valores. Ya en el que se refiere al empleo actual (que podría ser el tercero, el cuarto, etc.), aumentó el número de aquellos que eligieron la opción (a) como respuesta: 62% declararon haber conseguido el empleo actual a través de su network. El resultado no es de admirar, viendo que a medida que crecemos en la vida profesional aumentamos nuestra red de contactos (network).

El resultado mío no se diferenció mucho de los resultados a los que llegó Mark Granovetter[1] en su famoso trabajo "Getting a Job", donde él verificó que el 56% de los entrevistados consiguieron sus empleos a través de una red de contacto personal. Lo impresionante en el trabajo de este sociólogo es el factor de que aquellos que obtuvieron el trabajo a través de sus contactos (56%) sólo 16,7% veían los tales contactos con frecuencia. Él, entonces, creó la expresión "la fuerza de los lazos (sociales) flojos" (weak ties) o "conexiones flojas".

Malcom Gladwell, en su libro "The Tipping Point"[2], enfatiza que a la hora de encontrar un empleo, nuestros lazos sociales flojos son más importantes que nuestros lazos sociales fuertes, visto que nuestros amigos íntimos y familiares prácticamente viven en el mismo mundo en que nosotros vivimos, sabiendo, así, aquello que nosotros sabemos, trabajando donde trabajamos, en cuanto que un conocido vive en otro "mundo", al cual generalmente tenemos poco acceso.

Exposiciones, conferencias y similares son eventos donde tienes grandes oportunidades de expandir tu red de relaciones, la cual podrá ser de incalculable valor en el futuro. Es prácticamente imposible determinar cuál es el contacto que traerá el más grande beneficio: si una persona que tú conociste en una conferencia o un extraño que se sentó a tu lado en una iglesia o teatro. Por lo tanto, es necesario no despreciar ninguna oportunidad que se ofrece para ampliar tu red de relaciones. Pero no debemos olvidar que hay individuos que pueden desempeñar la excelente función de elemento de ligación en una network, justamente aquellos que pueden colocarte en contacto con "piezas llaves". En el caso de José, fue el copero -Jefe del Faraón!

Mi búsqueda por correo electrónico no tuvo como objetivo verificar estadísticamente el poder de la network en la hora de conseguirse un empleo, tan poco fue mi intención actualizar los resultados de Mark Granovetter. La verdadera finalidad de mi búsqueda fue descubrir cuantos de mis contactos estarían naturalmente dispuestos a colaborar en mi búsqueda y responder mis preguntas. De aproximadamente mil cien personas de mi relacionamiento personal a quienes envié el cuestionario, entre ellas amigos, parientes ,ex colegas de trabajo y de la universidad, solamente el 5,7% atendió a mi pedido. Entre los que no respondieron estaban amigos íntimos y parientes. No creo que hayan sido negligentes al pedido porque me desprecien, pero concluyo de ahí que no todos tuvieron la misma disponibilidad para ayudar. No enfrentaron mi pedido con la misma seriedad que el 5,7%, o no tuvieron tiempo o disposición para responder. También entre los que no respondieron no se verificó la diferencia entre sexos, ni entre amigos de largos años y recién conocidos. Pero, la lección es clara: el simple hecho de nosotros tener una gran red de relaciones no significa que podremos contar con todos ellos a la hora de necesitar ayuda, pues no todos reúnen las cualidades o características que determinan el perfil de un colaborador.

Este tipo de raciocinio es, de hecho, uno de los mayores errores cometidos por aquellos que desean hacer de sus relacionamientos sociales un trampolín para ascender a una carrera de prestigio, como la carrera política. Eso ocurre, por ejemplo, con profesores, médicos, comerciantes y otros que, por conocer "todas" las personas de la ciudad, piensan que ciertamente ganarán una elección.

No es el tamaño de la network lo que importa, pero es la calidad!

Tengo un amigo, Almir da Costa, que es profesor, escritor, orador y director de la mayor biblioteca pública de su ciudad. Con una gran lista de amigos, colegas de trabajo, ex alumnos, amigos de la iglesia, colaboradores de proyectos sociales y con una reputación ácima de cualquier sospecha, resolvió ser candidato a concejal en su ciudad. Después de una desgastante campaña el resultado no podría ser más frustrante: solo 1044 votos en la primera elección que disputó y solamente 744 votos cuando fue candidato por segunda vez.

En la ciudad de Mossoró (en la región del Rio Grande del Norte, Brasil) donde él vive, una ciudad con aproximadamente 250 mil habitantes, serían necesarios solamente 1950 votos para elegirse. ¿Cómo fue posible que él, con muchos amigos, colegas y potenciales apoyadores, no hubiera conseguido salir elegido, en cuanto a otros, con una network minúscula y poco conocidos por el público, consiguen un resultado positivo? Hablé con el profesor Almir sobre su experiencia y sus respuestas fueron las siguientes.

¿Hasta qué punto el gran número de personas que tú conoces te sirvió de "garantía" para vencer la elección? Obviamente, tú oíste a varias personas prometer que votarían por ti. ¿Por qué, en tu opinión esas personas dijeron una cosa e hicieron otra?

Almir: En la política no siempre el número de amigos hace la diferencia. O sea, para muchos... amigo es amigo y candidato es candidato. En cambio, el clientelismo político habla más alto, el dinero y la compra de votos dictan las reglas del juego de una campaña electoral, de las decisiones futuras y como todo terminará. Por ejemplo, personas merecedoras de una silla en el Legislativo o en el Ejecutivo en nuestro municipio y en todo el país, tantas y cuantas veces ya perdieron su campaña de la noche a la mañana. Cuando ellas pensaban ser un cuadro irreversible, el dinero llegó y cambió todo.

Vivimos en un mundo muy corrupto y corruptor. Nosotros, que buscamos andar justamente, hacer las cosas como manda el modelo, estamos caminando en la contra mano de la vida.

Por lo tanto, ser muy conocido, hacer el bien sin saber a quién, conservar el mayor número de amistades posibles, entre otras cosas, no es garantía de victoria en una elección política; sin el comando del dinero, que es al coche jefe, poquísimas personas consiguen llegar allá. Se cuenta en los dedos las que llegan. Por eso, los candidatos bien intencionados, pagan un precio alto, el precio de la derrota en las urnas. En este contexto, repito, con rarísima excepciones quien define la victoria política es el dinero, no lo que tú eres o representas en la sociedad. Eso nos hace recordar un proverbio popular: "En política y en comercio, no existe honestidad".

¿Será que el dinero solo decide una campaña política? ¿Cómo explicar casos donde candidatos con menos recursos consiguen ser elegidos en regiones pobres, donde la compra de votos es común? ¿Cuáles serían los otros factores?

Almir: Sí, el dinero decide cualquier campaña electoral. Vea este ejemplo: Cuando yo negocio su voto, tú me das tu zona y sección electoral. Así, yo sé si tú votaste por mí o no. Si en aquella sección local donde tú votaste no hubo voto para mí, es porque tú no votaste como habíamos quedado. Entonces, mi compromiso contigo está anulado. El elector queda preso, ¿entiendes? ¿Cómo así?, te puedes preguntar. Yo soy candidato y te prometo una bicicleta tras las elecciones. Tú harás todo para que yo gane porque tú quieres recibir la tu bicicleta de todas maneras, tú necesitas de ella. Esto es un ejemplo. Existe compromisos bien mayores y eso es el que llamamos de clientelismo político.

Existen rarísimas excepciones. Al final, en el comercio y en la política no existe honestidad, consideración, respeto... En casos de victoria en elecciones, sin dinero, esto también funciona, pero con rarísimas excepciones. El pueblo junto tiene fuerza, decide cualquier situación: en la política, en las decisiones sociales, etc. Pero, en ciertas situaciones, el dinero habla más alto, dicta las reglas del juego. Decide la situación.

Años después, su mujer una médico bastante conocida en la ciudad y respondiendo al llamado de conocidos y amigos resolvió también ser candidata a un cargo en el Consejo Municipal. La historia del fracaso en las urnas se repitió. ¿Qué ha sucedido?

Almir: Es verdad. Después de haber intentado dos veces conseguir un sitio en el Consejo Municipal de mi ciudad, sin resultado, pasé esta responsabilidad a mi mujer, que tras la insistencia de mi parte y de la parte de muchos amigos, terminó aceptando la idea. Hicimos un trabajo brillante: salimos a las calles, visitamos calle por calle, casa por casa y ahí mostrábamos el proyecto para toda la comunidad local, en caso de que mi mujer fuera elegida. Las mejores propuestas fueron presentadas y para nuestra sorpresa, ella no alcanzó ni el mínimo del mínimo para ocupar por lo menos una suplencia. O sea, consiguió menos votos del que se podía imaginar.

Quedamos muchos días pensando: ¿dónde erramos? ¿Que dejamos de hacer? Pero la falla no estaba en nuestro trabajo, todo había sido hecho con orden y decencia, con objetivos definidos. Llegamos a la conclusión que desgraciadamente los electores se habían vendido a quien ofreció ventaja inmediata: dinero, tejas, ladrillos, bicicletas y otras herramientas de políticas corruptoras. Nosotros no trabajamos así. Tenemos dinero, pero jamás podríamos usarlo para corromper personas, Siempre fuimos muy trasparentes, tal vez este haya sido el motivo de la derrota de mi mujer en la urnas. Entonces, con el clientelismo político sin control en el cual aún vivimos y hace parte de la vida, y de la cultura de muchas gentes., decidimos de ahora en adelante no ser más candidatos. Eso es, desistimos de la política partidaria.

¿Cuál fue el mayor error en la campaña?

Almir: Cómo yo he dicho anteriormente, en una campaña electoral existen muchos pros y contras. En medio de todo eso, cometemos una falla aquí y otra allá. En realidad, la confianza total en un determinado número de personas, en una campaña política pasa a ser un error fatal para cualquier candidato. Tú nunca puedes pensar que tu campaña está bien, ya está garantizada, está vencida. Esto sucedió conmigo y con otras personas que piensan de la misma forma que yo. En campañas para cargos electivos como Miembro del Consejo Municipal, Alcalde, Diputado, las cosas funcionan así: Si piensas que ya tienes diez mil votos, trabaja para alcanzar el doble o el triple de este número, aún cuatro o cinco veces más. Solo así, podrás tener un chance de ser elegido. Esto, si el clientelismo político no entra en su huerto - no empieza a comprar sus votos. Si esto sucede podrás ir de agua abajo, pues en este aspecto, contra la fuerza del dinero, no existe defensa. Vuelvo a repetir, con rarísima excepción.

Otro error en una campaña electoral es ser claro, transparente, hablar y/o decir la verdad. Muchos políticos son electos mintiendo o prometiendo lo que no pondrán jamás cumplir, después de electos. Veamos un ejemplo: un candidato al Consejo Municipal, en plena campaña, mandó confeccionar millares de tarjetas sanitarias diciendo que, si es elegido, a lo largo de los cuatro años de su mandato, daría asistencia en esa área a personas que votasen por él, siendo que en la zona y sección del elector debería constar el voto para el candidato. Resultado: el candidato fue elegido, empezó a cumplir sus promesas de campaña y, después, fue reduciendo la asistencia a un número mínimo posible de personas, pues ya no sería posible atender a todas. Posteriormente, volvió a ser candidato, pero no consiguió su reelección. Había perdido la confianza del pueblo que había votado por él.

Muchos políticos también se eligen prometiendo empleo y beneficios posteriores. A lo largo de sus mandatos, nosotros sabemos de esto. Eso no es novedad para ninguno de nosotros; ¡esto sucede y como sucede!

Existen otras maneras de llegar a un mandato electivo, engañando el elector, etc. Pero, errores así yo nunca los cometí, ni intento trillar por estos senderos. Esos fueron errores, si es que se llaman errores, cometidos durante mis campañas electorales, o sea, no hacer lo que ellos practican.

Yo pienso que cambiasteis en un punto crucial al mencionar: "confianza total en un determinado número de personas, en una campaña política, pasa a ser un error fatal para cualquier candidato". Pues aquí está sintetizado lo que considero un de los mayores errores de nuevos candidatos: "la confianza en la red de contactos". Pues las personas no ven nuestros sueños y planos como nosotros los vemos. ¿Con base en lo que aprendisteis, lo que sería más provechoso para un candidato: gastar energías fortaleciendo los contactos que ya tiene o buscando nuevos aliados?

Almir: Nuevos aliados y amantes de sus proyectos podrán hacer la diferencia en una campaña. Pero, estos aliados no irán a trabajar sin recompensa. Ellos quieren algunas cosas a cambio, que asumas un compromiso con ellos cuando fueras elegido. Esto también es clientelismo político. Con muchas personas ayudándote y trabajando para que tú llegues ahí, tu podrás acertar. Tú podrás también ser elegido a través de un trabajo de concientización colectiva, etc. Eso no es fácil, pero podrá suceder. Recuerda: ¡eso es rarísimo!

¿Antes de ser candidato por primera vez, tuvisteis alguna experiencia ayudando otros políticos?

Almir: No, entré de cabeza invitado por una alcaldesa de mi ciudad, actual senadora en el Congreso Nacional. En la política ninguno ayuda a otro, es cada uno por sí y Dios por todos. Los políticos, también, con raras excepciones, prometen ayudar, eso antes de las elecciones... Después, cada uno que se cuide. Ellos invierten en algunos y otros sirven de escalera para aquellos que fueron escogidos para ser elegidos. No creas en políticos, este es un consejo de hermano, dijo un viejo en Pernambuco: "el pobre que cree en político, además de ser pobre es loco".

Las respuestas de Almir me dejaron curioso en descubrir si el mismo problema que él enfrentó (la compra directa de votos) ocurre en otros países donde el nivel de corrupción es mucho menor que la política brasileña. He decidido, entonces, contactar algún político aquí en Alemana. Teniendo en cuenta que el 2009 fue un año de elecciones, nada más fácil que encontrar algún político que no fue electo, para entrevistarlo.

Por las calles de Mainz, vi el cartel de un político que me llamó la atención. Erwin Schott, candidato por el Estado

Renania-Palatinado. Asociado al partido "die Violetten" (Las Violetas), que tiene como slogan "por una política espiritual", Erwin está involucrado con la política partidaria desde el 2006, y en sus propias palabras, su partido "considera la espiritualidad un elemento de colaboración en la política". Además de la propaganda en la TV y de la presencia en Internet con un website, el partido también contactó personas en las calles, visitó ferias y exposiciones, y coloco puestos informativos en los grandes centros. Obviamente, los tan famosos carteles y outdoors fueron distribuidos por todas las ciudades.

Le Pregunté también sobre la relación entre dinero y elecciones en Alemania, y de otros aspectos que leerás en las próximas líneas.

Hay países con alto índice de corrupción, donde el dinero "solo" puede vencer una elección. ¿Cómo es la relación entre dinero y la campaña electoral en Alemania?

Erwin: Los grandes partidos reciben dinero directamente del Estado. Cuanto mayor el partido, más dinero. El CDU (Unión Demócrata-Cristiana) y particularmente el FDP (Partido Democrático Liberal) como "partidos económicos" reciben también grandes donaciones del mundo de los negocios. De esta manera, estos partidos pueden hacer propaganda intensiva.

¿Hay en a Alemania algún esquema de compra de votos?

Erwin: Oh que es esto? (¡parece que este no es el problema enfrentado por los políticos alemanes!).

¿Es suficiente ser conocido y tener muchos amigos en la ciudad para ser elegido?

Erwin: No. El programa del partido es fundamental. Amigos y conocidos ayudan solamente en la colecta de firmas de apoyo.

¿Hasta qué punto es importante tener un "bueno contacto?"

Erwin: Es esto lo que caracteriza los partidos que representan el Gobierno en Alemania. Nosotros queremos cambiar esta situación. Para eso es que estamos aquí.

¿Cuáles son las características más importantes que un candidato necesita tener? ¿Carisma? ¿Inteligencia? ¿Retorica? ¿Qué perfil debe tener un nuevo candidato para ser elegido?

Erwin: Yo pienso que autenticidad y credibilidad. La retorica ciertamente ayuda, así como los otros puntos que mencionasteis. Aunque, el candidato debe personificar autenticidad. Lo que es de gran utilidad es hablar y escribir alemán correctamente y saber hacer declaraciones concisas, pero precisas. Aunque, lo esencial es estar involucrado de corazón.

¿**Cuáles serían sus consejos para la próxima generación de candidatos? Lo que los nuevos candidatos deben aprender para obtener éxito?**

Erwin: Para dar recomendaciones personales yo necesitaría más experiencia en el ejercicio de la política. Por lo tanto, no puedo dar ninguna respuesta específica a esta pregunta. Pero, de modo general, una cosa es cierta: es necesario identificarse con el programa, con el contenido del partido y "vivirlos", y como ya dije antes: ¡estar involucrado de corazón!

Si hay algo que aprendí con los casos de Amir y Erwin es que, definitivamente, honestidad y un gran número de amigos no vencen la elección. Así mismo como el número de amigos, características tales como autenticidad y honestidad no son suficientes, también el dinero solo no basta. La victoria se conquista con base en la combinación de una serie de factores, tales como:

- Una excelente campaña de marketing (que puede ser realizada con dinero).
- Carisma del candidato.

- Dinero (en algunos casos, ¡mucho dinero!).
- Suerte.
- Simpatizantes de la prensa.
- El asunto del momento.

Yo no puse en la lista el factor "número de amigos", pues ninguno se engañe pensando que teniendo muchos amigos y conocidos vencerá una elección o estará libre del desempleo, pues, como fue mostrado anteriormente, hay innumerables factores que pueden determinar el resultado de una elección, o la fundación de una empresa, o el éxito de cualquiera otro proyecto.

Pondré aquí en elemento que es más importante que un gran número de conocidos, amigos o contactos:

¡El Contacto!

¡Los contactos no cuentan tanto como "el contacto!"

Como Erwin declaró, los partidos dominantes se destacan por "un buen contacto". Será muy difícil cambiar esta realidad. Por lo tanto, no empiece su proyecto confiando en el número de amigos, o miembros de su iglesia, o de su club. Necesitará de ellos, pero no desarrolle el plan dependiendo de ellos. Considere el plan que necesitará para conquistar estas personas que apoyaran su proyecto. No se engañe con promesas, necesita encontrar recursos y métodos para conquistar las personas y para ser elegido.

El gran número de amigos que tienes no servirán absolutamente para nada, si ellos no están comprometidos con el proyecto. ¡Más que tener muchos contactos, necesita "del contacto" cierto! Para entender mejor este punto, volveremos hacia mi encuesta por correo electrónico.

Probablemente, el número de personas que respondió a mis preguntas hubiera sido mayor si hubiese enviado el correo electrónico individualmente y no para grupos de personas. Pues cuando un mensaje es enviado para un grupo, hay un "prejuicio mental" que afecta al destinatario. Porque piensa que otros responderán al cuestionario y omite el contestar. Aunque, hay aquellos individuos que están naturalmente dispuestos a responder y son justamente estos los que pueden hacer la diferencia en una campaña política, en busca de empleo o en un desafío empresarial.

Porque al fin de cuentas, lo que realmente cuenta no es el tamaño de su network, pero sí la calidad de ella. ¡Hay ciertos individuos que pueden hacer la diferencia!

Malcolm Gladwell[2] identifica tres tipos de personas responsables para dar inicio a "epidemias" sociales, siendo, por tanto, excelentes elementos para una network. Personas que influenciaran a otras personas, que tienen inmensas networks y pueden fácilmente promover su restaurante, su campaña política, la pieza teatral de la cual participas o que pueden colocarte en contacto con la persona de cierta empresa donde te gustaría de trabajar. Los tres tipos son: Conectores, Mavens y Vendedores.

Para Malcolm Gladwell Conectores son aquellas personas que tienen una extraordinaria habilidad de hacer amigos y conocidos. Son aquellos que tienen amigos en el medio político, en la industria y en la prensa, que tienen contactos en los distintos medios sociales. Conocen el portero y la limpiadora de la escuela de los hijos, también al director de una empresa multinacional. Cuando comentas sobre el nuevo restaurante en la ciudad, ellas ya conocen el dueño.

El segundo tipo de personas mencionada por Gladwell está formada por los Mavens. Este término viene del Yídish (lengua hablada principalmente por los judíos en Europa Central y Oriental) y significa "aquel que acumula conocimiento". De acuerdo con Gladwell, estos son los individuos que saben cuál es el supermercado donde hay la mejor rebaja, cual es el hotel que ofrece los mejores servicios y precios, mencionan hasta los centavos.

Los Mavens no son solamente acumuladores de informaciones, ellos son también activos transmisores de información. Son ellos que avisan a los amigos donde están las rebajas, son ellos los que van a los vecinos para contarles en que supermercados de la ciudad es más barato comprar judías y arroz, avisando también a los amigos y conocidos donde subieron. Ellos saben los detalles de los contratos, de las tarjetas de crédito y alertan a los amigos y conocidos de los problemas que pueden surgir al optar por una determinada tarjeta de crédito o banca. A ellos les gusta leer las propagandas que llegan a los buzones postales.

Con su disposición o inclinación natural para ayudar, los Mavens acaban creando una verdadera campaña de marketing boca-a-boca. Siendo activos, están siempre demostrando honestidad en la tentativa de ayudar, acaban desarrollando una súper capacidad de atraer la atención y convencer personas sin hacer presión. Sus opiniones están llenas de números y hechos. Haga la experiencia: busque en Internet informaciones sobre un hotel y encontrará páginas o fórums donde personas comparten sus opiniones sobre aquel hotel. Tras estos comentarios descubrirás que los Mavens, están ahí presentando los detalles, haciendo indicaciones sobre que evitar y como obtener descuentos, por fin, dando óptimas pistas que pueden venir a ser de gran utilidad. Así, para Gladwell los Mavens son verdaderos bancos de datos, portadores del mensaje, siendo los conectores, la cola social, aquellos que difunden el mensaje.

Ahora, el tercer tipo del selecto grupo de personas: Los Vendedores. "Son aquellos que consiguen persuadirnos cuando no estamos convencidos de algo. Personas que tienen un cierto encanto y un entusiasmo que contagia, hacen que otros tengan el deseo de apoyar lo que ellas dicen".

Expandir la network es una obligación para un líder potencial. Coleccionar tarjetas de visitas se vuelve el nuevo hobby de aquellos que quieren subir en la vida profesional. Aunque, encontrar las personas acertadas para su red de relaciones se torna un arte a desarrollar.

En la mayoría de los casos, las personas de nuestra network no son directamente la solución del problema, pero, muchas de ellas tienen el potencial de conocer a alguien que sea la respuesta justa para lo que estabas buscando. Así, es necesario obtener el máximo posible de cada contacto, de manera inteligente. Hill y Power[3] sugieren que, en la búsqueda del capital para el negocio, el líder necesita transformar cada "no" recibido en, por lo menos uno o dos nuevos contactos. Por ejemplo, "si no estás interesado en una empresa como la mía, pondría indicarme una o dos personas que puedan tener interés?" De esta forma, sacarás provecho de que un inversor conoce otros inversionistas y que, por eso, pueden conectarte con otro inversor potencial. Estarás haciendo el uso de la psicología del rechazo en tu favor, pues a la mayoría de las personas no les gusta decir no a otros, así cuando preguntares por uno o dos nombres de inversores que pondrían estar interesados, estarás transformando un "no" en algo que permite a su interlocutor tener la sensación de estar ayudando".[3]

La mayoría de los inversores de alto riesgo, por ejemplo, no invierte en empresas que no fueron indicadas por alguien de su propia red de relaciones. Cuando empezamos a buscar inversores para a nuestra empresa (Smart Biotech, dedicada a desarrollar nuevas tecnologías para tratamiento de accidentes vasculares cerebrales), en Toronto Canadá, pasamos a buscar en Internet los números de teléfonos de compañías que pondrían invertir en una nueva empresa como la nuestra. Aunque, no fue suficiente telefonear y enviar nuestro proyecto, fue necesario también crear conexiones más fuertes con inversores potenciales. Pasamos a frecuentar encuentros donde nuevos empresarios se ayudaban para intercambiar ideas, intentando así descubrir nuevos nombres, encontrar nuevos caminos y nuevas oportunidades. Por lo menos conocer el amigo del amigo de algún inversionista.

Fue así que conseguimos el contacto de la asociación de los Angel Investors (ángeles inversores), de Toronto, adonde enviamos nuestro plan de negocios. Fuimos seleccionados para presentar el proyecto, pero no conseguimos el capital. Pero no desistimos. Continuamos la búsqueda. Fuimos seleccionados por segunda vez, presentamos nuestro proyecto para un grupo de inversores, pero otra vez no fuimos seleccionados. Estábamos con la sensación de que ya habíamos contactado todas las personas que pondrían ayudarnos.

A pesar de ser el Internet una fuente aparentemente inagotable de informaciones, trae un verdadero "océano" de informaciones de pésima calidad y a veces es casi imposible conseguir algo claro o preciso. Por lo tanto, el contacto personal con alguien que conozca "alguien" aún es la manera más eficaz de generar algo fructífero.

Hay innumerables maneras de encontrar nuevos contactos. La búsqueda no debe limitarse solo a Internet ni restringirse a las formas tradicionales y obvias.

No dejándome abalar por los fracasos vividos, continué buscando la oportunidad para encontrar personas que pondrían ayudarnos a desarrollar nuestro proyecto. En esta pelea, acepte un día una pista de un amigo, Darrel Stanley. Él acostumbraba jugar golf y me llevó, cierta vez, a un club donde yo debería hacer el papel de Caddy (cargador de palo de golf). La idea era que yo, en calidad de cargador de palos para los jugadores, pudiera de esta manera, entrar en contacto con millonarios y posibles inversionistas, visto que el golf es un deporte muy apreciado por tales personas. El amigo mío no era ni CEO ni millonario, pero si, un excelente jugador de golf, lo que facilitaba la interacción con los otros jugadores. Aunque yo no tenía la mínima experiencia con el golf, ni siquiera conocía las reglas básicas. Pero, a lo largo del juego, entre un golpe y otro, yo podía conversar con los otros jugadores, haciendo nuevos contactos.

La tentativa en aquel día en el club de golf no fue la solución para nuestro problema, pero por lo menos, fue la oportunidad que tuve para encontrar entre aquellos jugadores el CEO de una nueva empresa, en el área de generación de energía eólica que también estaba buscando inversores (aparentemente yo no era el único ahí con la esperanza de encontrar un millonario en aquella mañana). A lo largo de la charla con él fue posible conseguir nombres de inversores en potencia.

Entre tanto, lo más valioso fue aprender que desarrollar un contacto en tal situación (por ejemplo en una partida de golf o en otra actividad, sea deportiva, religiosa o social) es bastante saludable, pues en esas ocasiones se forman fuertes lazos, algo como el inicio de una amistad, viendo que el contacto fue hecho fuera de las paredes del despacho. Las personas consiguen conversar más libremente, sin preocuparse en usar todos los términos y las máscaras típicas del mundo de los negocios.

Aquella experiencia también me ayudó a adquirir conocimiento práctico sobre el mundo del golf y, me ofrecido en esa ocasión algo que en el futuro vendría a servirme de elemento común entre mí y ciertas personas. Fue la oportunidad que me permitió, años más tarde, iniciar conversaciones con otros inversores, que aprecian este deporte.

José, al interpretar el sueño del jefe de los coperos, intenta en aquel momento solidificar su nuevo contacto: "¡Por favor, acuérdate de mí!". Aquel fue un momento especial, el surgimiento de una conexión muy fuerte entre José y aquel hombre encarcelado, pues ambos estaban en la misma situación.

Pero, con la creación del elemento en común entre los dos hombres, por el hecho de José haber ayudado al jefe de los coperos interpretando su sueño mientras estaba en la cárcel, podemos ver que el resultado deseado de aquella conexión llevó mucho tiempo para manifestarse. Tres días después de la interpretación del sueño el jefe de los coperos fue absuelto y volvió a su trabajo. Aunque, no se acordó de José como este había pedido o como se pondría esperar, como gesto de gratitud y de consideración a alguien que había sido tan atento. El texto narrativo dice:

"Aconteció que pasados dos años tuvo Faraón un sueño... Entonces el jefe de los coperos habló a Faraón... Estaba allí con nosotros un joven hebreo... y él nos interpretó nuestros sueños..."
Génesis 41: 1, 9, 12

En otras palabras, fueron necesarios dos años para que aquel contacto generase algún resultado positivo para José.

De modo que, no tenemos como prever cuanto tiempo llevará hasta que nuestros contactos vengan a producir los frutos deseados. Es un error pensar que nuestros contactos generarán los resultados exactamente en el momento que deseamos o consideramos más apropiado. Otro error terrible es despreciar un contacto por creer que aquella persona no puede ayudar en aquel momento. Es necesario, siempre que sea posible, recordar a aquella persona que existimos. Esto puede ser hecho a través de un correo electrónico, por lo menos una vez al año. Va a servir para mantener la "conexión" activa.

Cada persona tiene una manera distinta de interpretar un pedido y de valorar la urgencia o importancia de un proyecto. Siendo por lo tanto, necesario estar preparado para el hecho de que nuestros contactos no siempre verán nuestros proyectos con la misma seriedad y con la misma pasión con la cual nosotros los vemos. Además de esto, es prácticamente imposible determinar cuál conexión realmente generará el resultado esperado o necesario.

Puedo hasta imaginar que José ya había perdido la esperanza de recibir la ayuda del jefe de los coperos, pero, como en su caso, debemos estar conscientes de que, a veces, un buen resultado viene de donde menos esperamos o cuando menos esperamos. Cuando el resultado o la oportunidad llegan, debemos estar preparados para actuar. Discutiremos este tópico en el capítulo siguiente.

"En el fin de las cuentas todo se conecta – personas, ideas, objetivos. La cualidad de las conexiones es el secreto para la cualidad en sí".
Charles Eames

4

LA PRIMERA IMPRESIÓN

> *"Entonces Faraón envió y llamó a José. Y lo sacaron apresuradamente de la cárcel, y se afeitó, y mudó sus vestidos, y vino a Faraón."*.
> Génesis 41:14

Nuestras conexiones pueden abrir puertas, pero, cuando estas se abrieren tu tendrás que mostrar tu proprio brillo, pues generalmente tenemos apenas una oportunidad para causar una buena impresión. Y no hay como negar: ¡"La primera impresión es aquella que permanece!" Obviamente hay casos donde tenemos dos, tres o aún más oportunidades. Por lo tanto, no cuentes con la suerte, pues en la mayoría de los casos es necesario causar una buena impresión en el primer encuentro.

Ya participé de muchas entrevistas de trabajo, fuese como entrevistado, o como entrevistador, y puedo decir que en la mayoría de los casos la decisión ya está tomada en los primeros minutos de la conversación, los veinte o los sesenta minutos siguientes son apenas formalidades. Entonces, cuando una oportunidad llega, prepárate el máximo posible para causar una óptima impresión.

Por eso, José, cuando es llamado para presentarse delante del Faraón, hace una preparación cuidadosa. El texto bíblico dice que él se afeitó y se cambió de ropa. José era consciente del don que tenía para interpretar sueños. Él sabía que tenía capacidad, que Dios estaba a su lado, así mismo, él no permitió que su ropa o cualquier otro "detalle" viniese a molestar aquel encuentro.

Sucede, que los "detalles", que no fueren cuidadosamente respetados, pueden robar la atención de lo que realmente es importante. Piensa en las veces en que tú asististe a una conferencia, una clase o un concierto y te concentraste en algún "detalle" irrelevante de una ropa, de un escenario, o de cualquier otra cosa que te haya impresionado, alejando así tu atención de lo esencial. Un pequeño detalle puede "destruir" un gran trabajo. Para evitar esto José mismo, sabiendo de sus habilidades, se preparó el máximo posible, observó los detalles y eliminó los pormenores que, eventualmente, pudiesen distraer la atención del Faraón y, así, perjudicar aquella "entrevista".

Algunos pormenores necesitan ser observados siempre y de manera especial, antes de la primera presentación, sea en una entrevista para obtener un empleo, en un encuentro amoroso, en una conferencia o en una campaña política.

Por ejemplo:

<u>Ropa</u>

Por más que tú no estés de acuerdo o pienses que sea difícil de aceptar, las personas en un primer encuentro, irán juzgándote por tus ropas. La ropa revela mucho respecto de la persona, siendo, por eso, importante observar cual es la manera adecuada de vestirse para la ocasión. Es preferible no intentar ser "innovador". Si no sabes cuál es la ropa apropiada para un determinado encuentro o presentación, procure tener antes información.

En una entrevista de empleo, por ejemplo, dependiendo de la área de trabajo, presentarse con una ropa informal puede dar la impresión de que el candidato es una persona que no toma la profesión en serio (¡aunque no sea verdad!). Recuerda que estamos hablando de la primera impresión y si tú no causas una buena impresión desde el principio tendrás pocas posibilidades de cambiar la situación.

Si no consigue la información sobre el vestuario más adecuado para una determinada reunión, entonces tenga la actitud más inteligente: ¡sea conservador! Es fácil quitar una corbata en caso que el ambiente sea informal y nadie ahí esté usando una. En cambio, si llegas y descubres que eres el único fuera del estándar, será muy difícil conseguir una corbata y, peor aún, será atar el nudo.

Ciertamente ningún empleador dejará de emplear alguien por haber venido a la primera entrevista muy bien vestido. Puede ser que él diga que no es necesario vestirse de esa manera, pero, probablemente, él podrá optar por otro candidato debido a la ropa inadecuada que elegiste, y que tal vez haya sido muy informal, provocadora o inconveniente. Este atento en el hecho de que la preparación y el cuidado en la elección de la ropa apropiada no va a exigir de ti gastos elevados, pero sí cautela y prudencia.

Uñas
Sucias: ¡No!
Muy largas ya sea artificiales o naturales: ¡no!
Colores exóticos: ¡no!

Pelo - Cabello
Ponerlo de manera que sea una parte bonita y agradable al verlo y no la cosa más importante del mundo. ¡Peinados muy innovadores servirán solo de piedra de tropiezo en una entrevista!

Una barba por hacer trasmite la impresión de irresponsabilidad.

La Barba y Bigote son aceptables solo cuando están bien cuidados y cuando se ajustan naturalmente a lo visual de la persona.

Pelo saliendo de los orificios nasales: ¡cien veces no!

Higiene
Sea discreto con el perfume. ¡Y nunca vaya a una entrevista o encuentro maloliente! Pida a amigos íntimos o parientes una opinión sincera. Conocí una joven muy inteligente, con excelentes notas en la universidad y que hablaba muchos idiomas, pero no conseguía un empleo. La razón era simple: ¡era maloliente! Los primeros minutos de entrevista eran suficientes para que el entrevistador

decidiese no contratarla a pesar de sus cualificaciones. En algunos casos un buen baño, cuidados básicos de higiene y ropas limpias son más importantes que las notas de la universidad.

Puntualidad

Thomas C. Haliburton, escritor canadiense, cierta vez dijo que la "puntualidad es el alma del negocio". En algunos países es una cuestión básica de educación. Por lo tanto, sea puntual. Así, estarás, en el mínimo, demostrando que respetas la persona o grupo de personas con quien te encontrarás. El respeto es una virtud apreciada por todos.

Tono de voz

Aprenda a hablar con un tono de voz agradable. Pregunte a amigos y parientes cual es la opinión de ellos con relación tu tono de voz y busque corregir, si acaso haya algún problema.

Conocí un empresario que, antes de invertir en cualquier empresa, llamaba para oír la voz de la secretaria o de cualquier otra persona que respondiese al teléfono. A partir de aquella impresión, él decidiría, pues en su opinión, si la voz no fuera agradable los clientes escaparán. Esta idea es confirmada por Susan Ward, creadora del blog: "Small Business: Canadá Guide"[1]. De acuerdo con ella, el teléfono aún es lo primer punto de contacto entre la empresa y el cliente. Por lo tanto, en la mayoría de los casos los clientes tendrán la primera impresión de la empresa a través de la voz y de la forma como las llamadas telefónicas son contestadas.²

Observando la limpieza, vistiendo la ropa adecuada y siendo puntual, tú vas a montar la base para hacer una óptima impresión. Esto, sin embargo, aún no es todo. Necesitas estar capacitado para la obra. Vic Mignogna (cantor americano) dijo cierta vez que " las conexiones pueden llevarlo hasta la puerta, pero no lo mantendrán ahí!" Por lo tanto, prepárate no solamente para causar una buena impresión, pero si para mantener la posición que deseas lograr.

Preparación

Cualquier que sea el encuentro al cual vas a comparecer, es imprescindible tener una idea de lo que esperan de ti. Antes de una reunión, entrevista o conferencia, infórmate sobre el objetivo de aquel evento, procure saber cuál es el asunto que se debatirá y quiénes son las personas que participarán de aquella reunión, que hacen, que función ejercen, cuales son los intereses y, lo más importante de todo, como ya mencionamos arriba, es saber lo que esperan de ti. Obviamente, no siempre es fácil obtener tales informaciones, pero es necesario hacer la "tarea en casa" antes de dirigirse a tales reuniones. Cuanto más preparado estuvieres para un encuentro o entrevista, más fácil será causar una buena impresión y obtener lo que deseas.

Internet, sin duda, es una de las grandes herramientas en ese sentido y puede ayudar mucho en ese trabajo.

Yo participo frecuentemente de reuniones con otros empresarios, directores de empresas o científicos, y es muy común intercambiarnos los correos electrónicos antes de hacernos una cita previa. Una manera de quedar sabiendo cuales personas probablemente participarán de aquella reunión es examinar la lista de las personas que recibirán una copia del correo electrónico y, después de eso, hacer una pequeña encuesta usando aquellos nombres.

Otra posibilidad que tienes de prepararte para una reunión o entrevista es informarte sobre la empresa en cuestión. Lee todo que pudieras sobre la tal empresa, infórmate cuáles son sus productos, cuál es su campo de actuación, busca también conocer alguna cosa de la historia de la empresa, así como el perfil de los funcionarios (en especial de aquellos que trabajan en el departamento objetivo de tu interés). Lee eventuales artículos escritos por las personas allí actuantes. Cuanto más informado, mejor preparado estarás para una cita.

Probablemente iras un día, a enfrentar una situación en la que tendrás que presentar una conferencia sobre un producto, un proyecto o defender una tesis del master o del doctorado. ¿Cómo proceder en ese momento? Así como en el caso de una entrevista o en la participación de una reunión, el secreto para el éxito de la presentación en sí es la capacitación y la preparación. ¡Por más que te consideres un excelente orador y un experto en el asunto, prepárate!

Pocas semanas antes de defender mí tesis de doctorado tuve la oportunidad de ensayar la presentación que haría ese día. Mi público fueron mis amigos. Presenté la tesis muchas veces, a cada uno de ellos, separadamente. Y a cada uno yo pedía que me preguntasen lo que no habían entendido (algunos de ellos no entendían absolutamente nada del asunto y eso me ayudó a desarrollar la capacidad de explicar temas complejos, de manera sencilla), o mencionasen puntos que, en su opinión, los profesores podrían preguntar. También pedí que hiciesen comentarios sobre la manera como yo presentaba mi trabajo, así como sobre el trabajo en sí.

Aquellos "ensayos" fueron decisivos para el éxito de mi presentación final, porque mis amigos me hicieron preguntas y llamaron atención en puntos sobre los cuales yo jamás había reflexionado antes, ni había considerado importantes, pero que fueron decisivos para aquel evento.

El día de la defensa, yo percibí que las veces que algún profesor me preguntaba algo que yo ya había discutido con algunos de mis amigos, la respuesta fluía de manera natural. Pero, cuando era hecha alguna pregunta sobre un punto que yo no había considerado antes, entonces era necesaria una mayor concentración para yo encontrar la respuesta correcta. Y como la concentración significa energía, la fatiga aumentaba a medida que surgían nuevas preguntas y se presentaban nuevos puntos que yo no había considerado anteriormente. En ese proceso, la capacidad de concentrarme para encontrar la respuesta de la pregunta siguiente fue disminuyendo considerablemente. Por tanto, ¡prepárate!

¡Tanto en una entrevista de trabajo, como en la defensa de una tesis o en una reunión para intentar obtener un financiamiento, o así mismo el apoyo para un proyecto, recuerda que el entrevistador no está ahí para ayudarte o darte consejos, pero sí para juzgar. En una entrevista de trabajo, el entrevistador necesita convencerse de que eres la persona justa para aquel trabajo. Él no tiene ninguna garantía de que tú seas un excelente profesional. Los criterios en los cuales él se fundamenta para decidir si eres la persona más adecuada o no, son apenas las informaciones recogidas en el currículo y en las cartas de recomendación, son tus respuestas, tu manera de actuar y tu apariencia. Si, por ejemplo, algunos de los puntos mencionados anteriormente hicieran encender una "luz roja" para el entrevistador, él utilizará aquel punto contra ti.

Las personas nos prueban constantemente, por lo tanto, si tú sabes dónde serás probado será más fácil obtener éxito. La primera impresión es decisiva, es ella la que nos da el salvo conducto para pasar las diferentes pruebas a que somos sometidos en el día-a-día.

Hace algunos años, tuve el privillejo de conocer Ruben Dias, fundador y director de la Leading Capital, empresa portuguesa que invierte en muchas áreas de la industria y del comercio, no solamente en Portugal, sino también en otros países, tanto en Europa como en América del Norte.

La tarea de Ruben es analizar proyectos y supervisar el desarrollo de las empresas donde él invierte, de ahí él está constantemente en reuniones con nuevos empresarios potenciales que buscan invertir en sus proyectos, o entrevistando personas, futuramente responsables en administrar algunas de sus inversiones.

Para alguien como Ruben, es prácticamente imposible o, en lo mínimo, muy arriesgado esperar mucho tiempo para tomar una decisión sobre algún asunto, proyecto o persona. Él necesita en muchos casos, debido a naturaleza del su trabajo, tomar decisiones con base en la primera impresión. Conversé con Ruben a este respecto y creo que podrás aprender un poco sobre este importante asunto en la entrevista que me concedió.

¿Cuán importante es la primera impresión en el mundo de los negocios? ¿Cuáles son los puntos críticos que cualquier nuevo emprendedor necesita observar para causar una excelente primera impresión, sea un cliente, un colaborador o un inversor?

Ruben: "No hay segunda oportunidad para causar una buena impresión". Esta es una frase habitual que oímos en el mundo de los negocios. Yo ya había leído que generalmente nosotros formamos nuestra opinión sobre alguien en los primeros 45 segundos de contacto. Un ejemplo simple de colocar en riesgo una buena impresión es llegar atrasado para un encuentro. La peor manera de empezar una cita es: "Perdón por el atraso". Empezar con un pedido de disculpas no es una buena manera de causar una buena impresión.

En mis 18 años con la función de emprendedor, percibo que, generalmente, podemos causar una buena impresión si reunimos tres ingredientes: empatía por el otro, entendimiento claro de lo que queremos alcanzar (ser objetivo es ir directo al asunto), interés y deseo de aprender algo con la otra persona. Si yo quiero causar una buena impresión planeo anticipadamente. Antes de una reunión importante, de una negociación o de un importante encuentro de negocios, yo me pregunto: "¿Que quiero alcanzar?", "¿Qué resultados me dejarían satisfecho?" Además, me empeño en saber lo que podría satisfacer la otra parte involucrada y, por fin, me concentro en lo que tengo que realizar e intento ser objetivo, pues a las personas les gustan saber exactamente lo que tú pretendes alcanzar.

Un punto importante a observar es que a nuestros interlocutores también les gustan hablar sobre lo que los motiva, así aprendí que a veces es mejor oír que hablar. Un gran beneficio es que siempre aprendemos algo de los otros.

Ruben: Hace algunos años yo quería alcanzar una aparcería estratégica con la Microsoft Portugal. En aquella época, éramos una empresa muy pequeña y conseguir una aparcería con la Microsoft parecía imposible. En mí primera cita con el director de marketing, él empezó a hablar sobre algo que lo entusiasmaba mucho: un restaurante que él y su mujer poseían. ¡Yo recuerdo que hice varias preguntas sobre su "pasión" y él me habló por más de dos horas! Al final de la reunión él estaba tan emocionado que dijo: "Optimo, vamos adelante con la asociación", un acuerdo sobre el cual no habíamos hablado.

¿Qué hacer cuándo causamos una mala impresión en la primera cita o en la primera entrevista? ¿Cuál es la mejor manera de revertir la situación? ¿Es posible superar esta "mala impresión inicial"?

Ruben: Una mala impresión causada en el primer encuentro es, generalmente, el resultado de un mal planeamiento y una mala preparación para esa cita. Si mostramos estar relajados y desorganizados o nos comportamos de manera confusa en un primer encuentro, queda muy difícil, por no decir imposible, revertir la opinión formada por el otro en aquel momento. Una buena mezcla para conseguir éxito sería comunicarse de forma clara, sincera y con empatía. No me gusta la palabra imposible, pues yo creo que hay siempre una forma de "escapar", de salvar la situación, pero esto se puede volver un desafío muy grande. Segundo, en mi experiencia, cambiar una primera mala impresión es posible, al admitir que no se causó la mejor impresión y volver a seguir la fórmula del éxito.

A pesar de ser fundamental, la primera impresión nos puede engañar. ¿Podrías comentar sobre algún error que cometiste al juzgar un proyecto o persona con base en la primera impresión?

Ruben: Yo normalmente digo que siempre gané en mis inversiones. Gané dinero o juicio... Y ya erré al hacer un prejuicio por causa de la primera impresión. Yo soy una persona optimista y siempre busco encontrar cosas buenas a partir de malas experiencias. ¡Si tú estás deseoso de aprender de tus propios errores, tú siempre serás un vencedor!

La primera impresión es influenciada o, en algunos casos, determinada por la "intuición" o "gut feeling" (algo como "sentir en el estómago", del inglés gut = intestino), que nada más es que "la sensación", "el sentimiento" que desarrollamos con base en experiencias anteriores. Cuando las personas nos preguntan por qué no nos gusta cierta persona, o un producto, a veces nuestra respuesta simplemente es: "No lo sé, pero tengo una mala impresión al respecto". ¿Será que esta sensación o mala impresión tiene algún valor? En el libro "The New Leaders"[3] Daniel

Goleman habla sobre la importancia de tales sentimientos ('gut feeling') en la toma de decisiones.

Él explica que a medida que un líder ejecuta su trabajo diariamente, tomando decisiones, juzgando situaciones y observando los resultados de sus elecciones, su cerebro organiza y asocia automáticamente tales decisiones con los resultados obtenidos. Así, el cerebro aprende y almacena, de modo silencioso, reglas de decisión que fueron aplicadas en los eventos vividos, a medida que el líder acumula el conocimiento de las experiencias prácticas de la vida.

Aun de acuerdo con Goleman, cuando encaramos un momento en el cual tales reglas se hacen necesarias, el cerebro las aplica silenciosamente para la obtención del mejor resultado. Consecuentemente, el cerebro no nos informará con las palabras sobre estas decisiones, pero la parte emotiva del cerebro activa los circuitos que van del centro límbico hasta el sistema digestivo (es por eso que la expresión en inglés es "gut feeling"), dándonos una sensación convencedora de que "aquello es cierto".

Un inversor no invertirá en un nuevo proyecto si tuviera una mala sensación de algo que le fue presentado, el mismo sin explicar por qué, viendo que esta sensación (o intuición) se forma a partir de las experiencias vividas a lo largo de la carrera. El mismo principio se aplica a una entrevista de trabajo.

Al entrar en la oficina o en una sala de reuniones nuestros sentidos captan las informaciones como imágenes, sonidos, olores, etc. Y crean asociaciones con lo que ya vivimos. A partir de este punto, sacamos conclusiones. Por lo tanto, es imposible negar que la primera impresión es muy importante para el éxito de cualquier proyecto.

"No se tiene una segunda oportunidad para causar una primera impresión".
Autor desconocido

5

GLOBAL VERSUS LOCAL

"Y él [José] reunió todo el alimento de los siete años de abundancia que hubo en la tierra de Egipto, y guardó alimento en las ciudades, poniendo en cada ciudad el alimento del campo de sus alrededores".
Génesis 41:48

En octubre de 2009, vi en Toronto una campaña publicitaria organizada por la asociación de negocios de Toronto (TABIA)[1], titulada: "! Apoye los negocios de la cercanía!" Piense grande – Compre en su barrio".

¿Por qué yo dejaría de comprar en el gran supermercado del centro de la ciudad para comprar en la pequeña tienda del mi barrio? ¿Hay sentido concentrarse en cosas "pequeñas" y locales mientras hay una mayor oferta por parte de los "grandes" y globales? La respuesta para esta cuestión es sencilla: Sí, hay sentido concentrarse en el que es "pequeño", como será mostrado a seguir.

Es imprescindiblemente importante observar nuestro "micro" ambiente, pues allí, o mejor aquí, nuestras ideas pueden ser probadas y preciosas lecciones aprendidas, las cuales servirán de solido cimiento para nuestras ideas y nos llenaran de coraje en el sentido de poder dar pasos mayores. Aquel que desea volverse un líder necesita ver su trabajo teniendo actuación global, debiendo, al principio, actuar localmente.

Soñar alto, en proporciones globales, es permitido, pero no empezar actuando localmente es en error.

Esa actuación local no se limita solamente a comercialización de sus productos en la cercanía. Es importante intentar estimular la participación de la comunidad, intentar involucrar las personas en el proyecto, para que apoyen la idea.

Supongamos que sueñas volverte un día un músico famoso y ya te imaginas haciendo tours internacionales o cursos en las universidades más famosas del mundo. Pero, si continuas siendo negligente con las oportunidades de cantar en la escuela del tu barrio, tendrás pocos chances de un día pisar cualquier otro escenario.

Los amigos, familiares y vecinos deben ser considerados sus primeros y más valiosos fanes o clientes.

Observando la historia de José, se percibe cuanto tuvo el en consideración el aspecto local, cuando se presentó por primera vez al Faraón.

Para enfrentar la crisis que se avecina, José presenta un plan económico de emergencia. Serían necesarios siete años de mucho trabajo para que el país acumulase riquezas suficientes para superar los sietes años de crisis que se seguirían al periodo de las "vacas gordas". José sugiere que todos los granos producidos sean almacenados en las propias ciudades donde fueron cosechados.

Con la acción de crear silos en los locales donde el producto era cosechado, José no solamente descentralizó el proyecto, sino que también disminuyó las posibles tensiones con los líderes locales, al mismo tiempo que facilitó la futura distribución del alimento. Además de eso, al incluir a los dirigentes locales en la responsabilidad de administrar los alimentos a largo plazo, hizo que ellos y las demás personas involucradas con el trabajo en las distintas áreas se sintiesen importantes y se tornasen merecedoras de reconocimiento por el trabajo prestado a la comunidad, que hacía de sus villas lugares prósperos.

Eliminando las necesidades de transporte para el almacenamiento de los cereales, José también estaba, obviamente, reduciendo los costos, así como las pérdidas de granos. Es sabido que, a pesar de toda la tecnología que disponemos hoy y de las muchas vías pavimentadas, aun se pierde con el transporte entre 1 y 2% de la producción de granos.²

Otro factor interesante y muy importante a considerar en una actuación local es la oportunidad que se tiene de convencer a los más cercanos en primer lugar. Cuando alguien saca un nuevo reto profesional, pero no consigue convencer la propia familia, amigos o colegas de trabajo a invertir en el proyecto o apoyar la idea, tendrá pocas oportunidades de convencer a otros que no lo conocen.

La mayoría de los inversores de alto riesgo no invierten en un proyecto empresarial que aún no haya sido testado localmente o en pequeña escala, por más convincente que la idea pueda parecer. Es siempre bueno tener sueños de dimensiones globales, pero para el éxito de un proyecto es muy importante probar la idea en una escala menor. Esto no significa que un sueño que no sea bien recibido localmente irá ciertamente a fallar en escala global, por eso, las oportunidades de un éxito global son pequeñas cuando son confrontadas con el fracaso a nivel local.

Una actuación local puede ser controlada o reestructurada más fácilmente, debido a que los números de variables son menores. Cuando aprendemos de nuestros errores en una escala local, será más fácil enfrentar los desafíos en escala global.

En el 2008, tuve el placer de conocer Agnus Proksch, un alemán nacido en Rumania, licenciado en Nutrición y

Economía Doméstica, quien acabara de volver de Kenia. Después de una tentativa fracasada de establecer en África una industria de fabricación de frutas secas. Tuve la oportunidad de conversar con él sobre las razones que llevaron al fracaso del proyecto. Al leer la entrevista, descubrirás que despreciar lo "local" puede costarte el "global".

¿Cómo surgió la idea de establecer la empresa en el África?

Agnus: Todo empezó a través de una persona que era revendedora de frutas secas en Europa. Ella pensaba en establecer un negocio en el Kenia, pues estaba recibiendo las frutas de algunos países del África, pero cuando había algunas reclamaciones ella no podía hacer mucha cosa, pues era solamente revendedor. Así, ella decidió dar inicio a su propia fábrica para tener un mejor control sobre el producto y el proceso de producción.

¿Cuál era el tamaño del sueño?

Agnus: El fundador quería una fábrica para producir 200 toneladas de frutas secas por año. Para tener una idea, a partir de 10kg de piñas (ananás) produce 1kg de piñas secas. Esto significa que necesitaríamos de 2000 toneladas de piñas para producir la cantidad deseada. Teniendo en consideración que queríamos hacer todo con certificación orgánica. La idea era buena y sería posible ganar mucho dinero, pues en algunas regiones el precio de la piña seca llega a 30 euros por kg.

¿Por qué no funcionó?

Agnus: Cuándo yo llegué a Kenia para implantar el proyecto, encontré algunos problemas. Primero, la certificación orgánica no estaba lista. Necesitaba por lo menos un año para conseguirla. Por lo tanto, antes de eso, nosotros no pondríamos vender nada. Segundo, teníamos un funcionario que debería ayudarme, viendo que yo era el CEO (director general), pero él no estaba informándome de todo lo que estaba sucediendo alrededor. Además de esto, él pasó a exigir un sueldo más alto de lo que pondríamos pagar. Él era importante porque, además de hablar la lengua local, tenía los contactos. Entre tanto, necesité despedirlo y tuve que implantar el trabajo sin su ayuda. En otra tentativa, contraté una persona local que también tenía contactos con los propietarios de las fincas.

El tercer problema fue que los fundadores de la empresa querían frutas con certificación orgánica para empezar a vender inmediatamente a Europa, pero nosotros no teníamos la infraestructura para esto. Y, finalmente, nosotros no teníamos ninguno plan para comercializar el producto en el mercado africano.

¿Consiguió piñas suficientes?

Agnus: Después de un año de trabajo, conseguimos enviar a Europa un conteiner con 12 toneladas de piñas, pero no conseguimos vender nada. Me dijeron qué la mitad de las frutas no estaba en condiciones de ser vendidas y yo acabé quedándome como el culpable de todo.

¿Cuán importante hubiera sido probar la idea inicialmente en el África?

Agnus: Nosotros solo pensábamos en exportación. Lo que realidad deberíamos haber hecho era invertir primeramente en el comercio local. Deberíamos haber empezado estableciendo una conexión con los dueños de las fincas. Ellos creen en lo que ven, no en lo que hablas. Ellos me decían que me venderían las piñas, pero cuando yo llegaba, ellos ya no tenían las frutas. Vendían a los pequeños comerciantes locales, que venían en bicicletas. Nosotros éramos vistos como aquellos que venían ahí para quitarles el "pan". Nosotros pensábamos que estábamos ayudando a las fincas, pero las personas locales lo veían de manera diferente. Yo jamás me había dado cuentas de esta situación ni mis funcionarios. Había un claro problema de relación. Mi conteiner estaba siempre vacío. Si hubiésemos comercializado desde el inicio a nivel local, hubiéramos tenido tiempo para comprar una cámara que nos permitiera testar las condiciones del conteiner para exportación. De esta manera, hubiéramos podido saber si estábamos en condiciones o no de exportar. Nosotros simplemente pensábamos que las frutas llegarían a Europa en buenas condiciones, sin, haber tenido la oportunidad de testar las condiciones ideales de acondicionamiento de frutas para su exportación, lo que significaba una inversión extra.

¿Por qué no empezaron a vender localmente?

Agnus: Porque estábamos con el foco solamente en la exportación.

¿Cuándo percibiste que el modelo de negocios que vosotros elegisteis no funcionaba?

Agnus: Después de un año y dos meses nos dimos cuenta de esto. Tuvimos nuestras propias crisis internas, pero nunca habíamos pensado en la posibilidad del fracaso. Simplemente no consideramos esta posibilidad y, por tanto, no estábamos preparados para esto. Yo dije a los socios que la idea no funcionaría y que necesitábamos empezar de nuevo, pero esta vez con un negocio "pequeño".

¿Qué dijeron ellos?

Agnus: Ellos dijeron que no compensaría de esta forma. Ellos preferirían perder todo a invertir en un negocio pequeño, pues consideraban las ganancias muy pequeñas.

¿Crees que si hubiese empezado "pequeño" había funcionado?

Agnus: En primer lugar, deberíamos haber planeado nuestros gastos, lo que no fue posible, pues no poseíamos un presupuesto definido. Hoy yo me pregunto ¿cómo es que los socios querían que dirigiésemos una empresa grande?

En segundo lugar, deberíamos haber mostrado a personas de la comunidad local que queríamos ser sus socios comerciales, que éramos serios y que ellos pondrían confiar en nosotros. Entre tanto, a los ojos de las personas locales, no éramos buenos socios para ellos, por los menos no de la manera correcta que ellos pensaban.

En tercer lugar, dependíamos de ellos. Deberíamos haberlos contratado para plantar las piñas para nosotros, así tendríamos nuestra propia producción. Como este proceso lleva dos años, estaríamos todo este tiempo comprometidos con los locales y el pueblo vería que nosotros no iríamos a abandonar todo en cualquier momento. Pero, en verdad, eso ya había ocurrido antes, una persona empezó un proyecto y después abandonó todo, lo que hizo que los dueños de las fincas quedasen escépticos.

En verdad, los propietarios de las fincas tenían miedo de que abandonásemos todo en cualquier momento, por eso ellos no invertirían para aumentar la producción de frutas, viendo que no tenían ninguna garantía de que nos quedaríamos ahí. Estábamos compitiendo con los consumidores locales, que ciertamente volverían para comprar las frutas.

¿Piensas que después de dos años el negocio crecería?

Agnus: Sí, las mismas plantas aun producirían hasta por 10 años, así tendríamos nuestra propia producción. Podríamos también comprar las frutas de los dueños de las fincas. Además de esto, los administradores de las fincas utilizarían las tecnologías que queríamos implementar, pues ellos necesitan de estas cosas prácticas para hacer funcionar el negocio.

¿Había algún otro servicio o producto local que vosotros estabais despreciando?

Agnus: No. Pero las relaciones con los dueños de las fincas fueron cruciales.

¿Hubo alguna otra particularidad local que causó problemas?

Agnus: Sí. Por ejemplo, queríamos comprar un pedazo de tierra, pero hubo una disputa entre dos tribus, lo que atrasó todo el proceso. Esto sucedió a lo largo de las elecciones. Vivíamos en un territorio de una tribu, pero compramos la tierra de una persona que, a pesar de vivir en aquella área, no era originaria de ahí. Y aquello era un problema, lo que, inicialmente, nosotros no sabíamos.

Las cosas pequeñas también estaban causando problemas. No había ninguna empresa que fabricase las cajas apropiadas para las piñas. No habíamos tenido esto en consideración, así que tuvimos que construir nuestras propias cajas.

Además de estos pequeños detalles, una de las cosas más difíciles de acostumbrarse es el hecho de que las personas decían una cosa, pero el sentido era otro. Viendo que la cultura es bastante diferente, necesitas entender el lenguaje corporal. Ellos pueden acordar con la boca sobre al precio, más en su cabeza no lo acuerdan y, por lo tanto, no negocian contigo. En África, las personas normalmente no dicen "no", esto porque allí, en general, es grosero decir "no" a las personas que Ud. no conoce. Por eso, ellos nunca te lo dirán, tienes que entenderlo sin palabras.

¿Quién podría imaginar que la aparente falta de compromiso con los dueños de las fincas locales dañaría las intenciones de construir una multinacional? Obviamente, este no fue el único factor para el fracaso de la empresa, pero debe ser consciente de que entender la cultural local es indispensable para el éxito de un proyecto. Obtener el apoyo de los "pequeños" es imprescindible. Menospreciar los detalles puede ser fatal para cualquier proyecto.

Potencias mundiales perdieron guerras contra países inexpertos por el simple hecho de despreciar o desconocer los aspectos locales.

La observación atenta y el conocimiento de los aspectos y potenciales locales fue la clave para que Muhammad Yunus fundara la banca Grameen, en Bangladesh. El uso del microcrédito para que las personas de bajos ingresos pudieran crear sus propios negocios y escapasen de la pobreza fue una idea revolucionaria que, en 2006, garantizó a Muhammad Yunus y su banca el Premio Nobel de la Paz.[3]

En un artículo publicado por la Havard Business School, los profesores Christopher Marquis y Julie Battilana enfatizan que, "a pesar de la globalización, los factores locales siguen siendo importantes y, de varias maneras, las particularidades locales tienen que volverse más visibles y salientes a medida que la globalización va prosiguiendo".[4]

En un estudio hecho sobre pequeños negocios en los Estados Unidos de América, se verificó que para cada $100 gastados en una empresa "global", solo $12 revertieron en beneficio de la comunidad local, entretanto que de los $100 colocados en una empresa local, $45 revertieron en beneficio de aquella comunidad.[5] Tales factores obviamente tienden a causar un impacto en las mentes de las personas que pueden venir a ser apoyo directo de cualquier proyecto.

Un error común que algunos pequeños empresarios cometen en el inicio de sus empresas está en abrir una cuenta bancaria en una banca multinacional, pensando que esto facilitará una actuación internacional. Pero, cuando ocurren problemas financieros, se dan cuenta del error que cometieron, pues, al pedir plazos para pagar la deuda o un adelanto de un préstamo, oyen respuestas del tipo: "Nosotros no podemos decidir esto aquí, solamente en la oficina central". El problema nunca se resuelve. El ideal es elegir una banca local, pues de esta forma son mayores las oportunidades de conocer personas que realmente tienen poder de tomar decisiones, lo que ayudará a resolver el problema más rápidamente.

En la medida de lo posible, elija para su empresa o proyecto un equipo de marketing de una empresa local, un proveedor de Internet y otros servicios, pues de esta forma fortalece los lazos entre su proyecto y la comunidad. Las personas alrededor reconocerán el valor de tal acción, pondrán observar los resultados directos en sus propias comunidades y pasarán, así, a apoyar tal idea. Además de esto, probablemente disminuirá los costos. Debe, por lo tanto, abdicar del uso de productos o servicios locales en caso de que estos comprometan la calidad del proyecto o producto en sí.

En mi barrio hay un supermercado de una de las grandes redes nacionales, con una gran variedad de frutas y verduras, una panadería, una gran sección de lácteos, además de ropa, productos de limpieza etc., que se mantiene abierto hasta las 21 horas de lunes a sábado. Todas las semanas recibo en mi buzón propaganda de ese supermercado, con las promociones actuales.

Lo que me llamó la atención fue observar que a menos de 10 metros de distancia del referido supermercado hay una pequeña tienda, que no tiene en sí misma una placa con su nombre, ofreciendo solamente algunos pocos productos alimenticios. Además, el estabelecimiento tiene apenas un funcionario (el propio dueño) y está abierto hasta las 18 horas. Mientras yo observaba a Goliat a diez metros de distancia de David, me preguntaba cómo esta tienda consigue sobrevivir en una situación como esta. Entonces, percibí que casi no era posible ver los productos por la vitrina de aquella tienda, pues el vidrio estaba cubierto con anuncios de actividades que ocurren en el barrio.

- "Los alumnos de la escuela X invitan a todos los moradores del barrio a participar de un concierto caritativo..."
- "El grupo de danzas se reunirá esta semana en el siguiente dirección..."
- "Ahora es posible aprender capoeira en la academia..."

¡Ahí estaba el secreto! Esta simple conexión entre aquella tienda los moradores y actividades del barrio era la clave para a sobrevivencia de aquel negocio.

Así mismo frente a la posibilidad de comprar en un supermercado con un mayor número de opciones y ofertas, algunos moradores eran clientes fíeles de la pequeña tienda, pues se identificaban con aquel establecimiento, sentían que aquel local era parte de la comunidad, era casi como parte de la familia.

Pensar "pequeño" es importante para nuevos empresarios, políticos, como para aquellos que buscan apoyo para proyectos sociales o están buscando empleo.

Un crecimiento orgánico de cualquier proyecto solo se obtiene a través de la atención y del respeto a los aspectos locales.

"Una empresa local tiene más responsabilidades"
Paul Hawken

6

OBTENIENDO INFORMACIONES

"Pero ellos no sabían que los entendía José, porque había intérprete entre ellos".
Génesis 43:23

El Dr. House[1] suele decir: "!Los pacientes mienten!" El problema es que los pacientes mienten tanto como médicos, profesores, abogados, etc.

Es necesario conformarse con la triste realidad: "!las personas mienten!" De acuerdo con el Dr. Robert Feldman, profesor de psicología y autor del libro The Liar in Your Life, las personas mienten entre dos o tres veces en una primera conversación de diez minutos con un nuevo conocido.[2]

Entonces, ¿cómo encontrar la verdad en un montón de informaciones mentirosas que recibimos todos los días?

La tarea de descubrir la verdad no es importante solo para policías, investigadores, periodistas y representantes de otras profesiones similares. En cualquier área de trabajo, la verdad (sea cual sea el asunto) viene mezclada con la mentira en las más distintas formas. Para obtener éxito en la vida profesional es necesario desarrollar la habilidad de distinguir una información verdadera de una falsa.

Como ya fue discutido anteriormente (capítulo 2), la lectura corporal es indispensable para descubrir lo que está ocurriendo alrededor, sin la necesidad de palabras. Pero, la forma más común para alcanzar ese objetivo y obtener informaciones detalladas es la entrevista[3], que es uno de los más antiguos procedimientos para obtener datos.

Debe tenerse en consideración que en esa busca o colecta de informaciones, la entrevista es una herramienta de investigación y, para mejor efecto, no debe ser usada sola, debiendo concurrir con otras, tales como documentación o lectura del lenguaje corporal.

Independientemente de la situación en que te encuentres, sea en busca de un empleo o trabajando para alguna empresa donde su función es seleccionar el profesional más cualificado o intentando descubrir lo que sería necesario para convencer un cliente en potencia, necesitarás de alguna manera recurrir a una entrevista. Recuerda que una charla informal puede transformarse en una poderosa entrevista y, por eso, la mejor manera de entrevistar a alguien es dejarlo cómodo para hablar, para abrir el corazón, para expresarse libremente sobre el asunto en cuestión. Es eso que lleva prácticamente a todos los entrevistados a empezar una charla con algún asunto relajante para "romper el hielo". Por lo tanto, si en su caso, actúa de esta manera, el entrevistado no se sentirá bajo presión, lo que facilitará la comunicación.

Aunque pueda parecer obvio (para muchos entrevistadores no lo es), es necesario destacar cuán importante es que el entrevistador deje hablar al entrevistado. Así sepas la respuesta a la pregunta hecha, sé paciente, no te anticipes. Espera que el entrevistado responda.

No conviene, como entrevistador, ponerse en la posición de quien sabe todo, evite, por eso, mostrar sus conocimientos. En cambio, haga que su interlocutor se sienta en la posición de "especialista" y bien cómodo para hablar sobre el asunto.

Todos nosotros tenemos la tendencia de callar delante de un especialista en algún tema. ¡El especialista inhibe! Enfrente de él, las personas no se sienten cómodas para dar sus opiniones, ya que hay ahí alguien reconocido como una autoridad en aquel asunto especifico. En una situación de esas, las personas tienen miedo de decir algo trivial o errado y ser vistas como tontas. Por lo tanto, habla el mínimo y permite que la otra parte hable el máximo posible.

En el libro Star With No[4], el autor encoraja los "entrevistadores" a entrar en una sala de negociaciones demostrando una cierta fragilidad e insipiencia, para que, de esta manera, los interlocutores puedan sentirse cómodos para hablar mucho. De este modo, revelarán secretos que pueden ser útiles en la toma de decisiones.

Al observar el encuentro entre José y sus hermanos nos damos cuenta de la técnica que él usó para obtener las informaciones deseadas. José estaba en la posición de líder, esto en sí ya inhibía a las personas que se acercaban a él. Cualquier individuo que se comunicaba con él media cautelosamente sus palabras antes de decirlas. Al ver a sus hermanos acercándose, José pensó, es mejor no ser identificado inmediatamente. Reflexionó, no es este el momento propicio, y resolvió esperar una hora mejor. Lo importante para José en esa situación era descubrir si los hermanos habían cambiado aquella personalidad violenta y envidiosa, o no. Si él se revelaba en aquel momento no tendría como descubrir lo que deseaba. De esta forma, necesitó utilizar un método bastante inteligente para obtener de sus hermanos informaciones verdaderas.

Primero, él convocó un intérprete para poder comunicarse con sus hermanos, con lo que hizo, a los ojos de ellos, fue quedarse él en una posición inferior, pues de esta forma mostró, que no tendría la habilidad de hablar o entender a aquellos extranjeros. Esto hizo que sus hermanos se sintiesen cómodos para hablar entre sí en el idioma de ellos. Segundo, al acusar a sus hermanos de espías, José despertó en ellos la necesidad de hablar e intentar explicarse. Pero José no les facilitó la vida. A cada explicación dada por los hermanos replicaba diciendo que no creía en lo que ellos decían. Así, con la insistencia de José nuevas informaciones eran sacadas.

Tras insinuar la hipótesis de un posible espionaje por parte de sus hermanos, José obtuvo las siguientes informaciones: "Somos hermanos, vinimos a comprar alimento, Somos todos hijos de un mismo hombre". Como si se tratase de algo conocido, José continuó aplicando la táctica: poner en duda: "!no lo creo!"

Entonces, él oye de los hermanos: "Somos doce hermanos de Canaán, el más joven quedó con el padre y el otro hermano murió".

Hasta aquí las informaciones que él obtuvo eran verdaderas, pero aun no era lo suficiente para saber si los hermanos habían realmente cambiado y, por fin, si eran dignos de confianza. Sin embargo, usar el mismo método (no creer en la palabras de los hermanos), no sería suficiente y tal vez hiciese que los hermanos se callasen delante de la aparente imposibilidad de convencerlo. Para evitar una posible saturación, José cambió la estrategia para, así, ganar más tiempo y poder obtener más informaciones. Era necesario oírlos hablar sobre lo que había sucedido hace tantos años cuando ellos vendieron al propio José.

Él continuó insistiendo en que no creía en lo que los hermanos decían, pero esta vez no pidió una respuesta, exigió acción. Decidió mantener a uno de ellos en Egipto y enviar los otros de vuelta. Para que trajesen al más joven de los hermanos, Benjamín, que estaba con el padre. Traer este hermano más joven, lo cual habían hablado, sería la manera de convencer a José de que ellos estaban hablando la verdad.

Pero esta es una tarea difícil que los sofoca. Aunque en la presencia de José, los hermanos se sienten cómodos para discutir el problema que los afligen a ellos, pues piensan que José no entiende lo que ellos hablan, como dice el texto, "él se comunicaba a través de intérprete". Es este el momento culminante del encuentro, el momento de la verdad. Por estar entre sí y pensar que nadie los oye, los hermanos se revelan, sin miedo, sin ninguna intención de dejar aparecer algo que pueda ponerlos en una buena situación y vaya a traerles provecho. José sabe ahora lo que deseaba saber. Él ahora sabe que los hermanos se sienten culpables por todo que había sucedido y creen estar pagando por el crimen que habían cometido contra su propio hermano.

Si leemos con atención la historia de José, podemos sacar una gran enseñanza para nuestra vida profesional: solamente a través de un proceso lento y cuidadoso es posible obtener informaciones relevantes que nos ayudarán a tomar decisiones coherentes.

Insistir en no estar convencido de la veracidad de ciertas afirmaciones o hechos, o hacer nuevamente las mismas preguntas de manera ligeramente diferente con la intención de obtener nuevas informaciones y tal vez encontrar contradicciones, es un método usado frecuentemente por policías, agentes de inmigración, abogados y periodistas a lo largo de interrogatorios, averiguaciones y encuestas.

Esta también el conocido "método del silencio", muy común entre presentadores de TV, que crean el silencio para forzar al entrevistado a ofrecer más informaciones, pues el silencio provoca un inmenso malestar, haciendo que el entrevistado se sienta obligado a hablar, viendo que el silencio en tales situaciones "sofoca".

Conducir una buena entrevista exige talento y bastante preparación.

En 2002, conocí a Dulce Neto, periodista portuguesa que ya había sido editora de un de los mayores periódicos de Portugal. Ella tuvo que superar muchos obstáculos para llegar a la cima de su carrera. Conversé con ella sobre el arte de obtener la verdad a través de la entrevista.

¿Cuál es la diferencia entre un buen periodista y un periodista mediocre?

Dulce: Un bueno periodista:

1) Hace el trabajo de casa antes de hacer preguntas.

2) Investiga el asunto y se informa sobre la persona sobre la cual va escribir.

3) Sabe hacer preguntas y no tiene miedo de hacerlas.

4) Sabe elegir la información importante/interesante.

5) Sabe estructurar un texto de forma que capta la atención de quien lo lee/oye, o sea, sabe contar una historia, y deja que la historia hable por sí, no se entromete en medio de la historia.

6) Confirma la información que recibió.

7) Aplica siempre el principio de lo contradictorio (si tú me dices que yo te golpeé, el periodista tiene que venir oír mi versión).

8) Respeta los "out of records" (informaciones que no puedes citar) y no revela su fuente.

Algunos entrevistadores usan el silencio, otros repiten la misma pregunta con la intención de obtener la verdad de los entrevistados. ¿Qué método consideras más eficaz?

Dulce: Depende del entrevistado, depende del medio para el cual vas a trabajar. En el fondo, todo varía entre el estilo seducción y el estilo más agresivo. En la prensa escrita o en trabajos grabados (TV y Radio), que no son en directo y tienen otros timings, hay dos formas: una es dejar para el fin las preguntas difíciles, dejar al entrevistado cómodo, crear empatía, ganar su confianza y solo después hacer las preguntas que sabemos son más complicadas. Vale la pena intentar mostrar que se sabe alguna cosa de lo que se está intentando saber, "engañarlo" un poco a él, juzgando que sabemos lo que queremos saber, ir abriendo el juego. Un segundo método, que no es exclusivo y se puede/debe cruzar con el primero, es abandonar la pregunta incómoda, hacerla de otra forma más de frente e intentar poner al entrevistado en contradicciones.

Cuando se trata de un programa en directo, es más complicado: hay poco tiempo, lo mejor es iniciar luego por las preguntas que se deben hacer. Ser directo, no desistir, confrontar lo que el entrevistado dice con datos que no tiene, usar lo mismo, "no ha contestado, voy repetir la pregunta". No siempre resulta como se quiere. Muchas veces se pierde tiempo: la persona va respondiendo con evasivas, el periodista gasta tiempo y solo consigue mostrar que el entrevistado no desea responder. No consigue la respuesta. Lo mejor es no perder tiempo en insistir y usar el método anterior: hacer la pregunta de otras formas, más adelante en la charla, e ir explorando posibilidades de contradicciones.

¿Qué hacer cuando sabemos que el entrevistado es un "mentiroso profesional"?

Dulce: Intentar enfrentarlo en las mentiras. No valorar lo que dice. No escribir nada si no está confirmado. Cruzar todo lo que él dice con otras fuentes. Todo depende de cuál es el objetivo del entrevistador: si es una entrevista para publicar o si es una fuente de información. Si es el primer caso y así mismo, elegimos entrevistarlo (lo que es difícil de suceder, pues en general, huye de estas personas) hay que ir a lo largo de las preguntas, ponerlo en contradicción y mostrar a quien lee y oye que el entrevistado no es creíble. Si se tratase del segundo caso, quiere decir, si la entrevista fuera para ser utilizada como fuente de informaciones, en este caso, entonces, escuche todo y después cruce esta información con documentos, otras fuentes, y solo se publica lo que hubiera sido confirmado (si la fuente fuera anónima) y se publica (si la persona se identifica) juntamente con otras opiniones distintas.

¿Cómo sabes si la persona está mintiendo?

Dulce: Muchas veces no se sabe. Pero, una vez más, depende del asunto y del entrevistado. Si estuviera bien preparado (y se fuera posible haber preparación previa) se da cuenta porque los datos no armonizan con los que ya tiene (o a través de personas o de documentos). Otras veces solo se percibe después, cuando se chequea la información.

¿Las personas tienen miedo del periodista?

Dulce: ¡Sí!

¿Por qué?

Dulce: Por varias razones, todas interconectadas en un punto: el periodista es el medio, no el fin. Lo que ellos dijeren llegará a muchas personas, será público y, en ese sentido, las personas se exponen. En mayor o menor grado, la persona acaba siempre por exponerse, así mismo que no diga nada, lo mismo que se reúse a hablar, el periodista dice Fulano de tal, contactado por nuestro periódico, se reusó a hablar. El mismo silencio, con nombre, tiene un valor. Quien leyó se va a formar una opinión; no desea hablar porque tiene miedo, no desea hablar porque no sabe, no desea hablar porque no respeta los medios de comunicación social y el derecho a información, no desea hablar porque no confía en el periódico, no desea hablar porque está en su derecho y hace muy bien en cuidar de su vida, etc.

El periodista es un medio que la persona no controla. Ni lo que dice ni como lo dice. El periodista no es una buena máquina. Es una persona, lo mismo que sea un buen profesional y cumpla con todas las reglas éticas e ideológicas, es un ser subjetivo. Por lo tanto, va a elegir lo que quisiera de la información que la persona le pasó y va, así mismo en un esfuerzo de objetivad, pasa lo que le parece más importante (por eso mucha gente intenta leerlo antes de ser publicado, lo que el periodista escribió y pide para hacerlo; por norma, un periodista no debe permitir que su texto sea leído antes de ser publicado, o se confía y arriesga o no... de otra forma el texto puede ser modificado a placer del entrevistado...). O sea, el periodista tiene el poder que no es fácilmente controlado, si fuera un buen profesional. Después, no es simple hablar con un periodista. Pueden hacernos decir cosas que no queríamos decir o no queríamos decir de aquella forma. La persona puede también no saber explicarse, pasar mal el mensaje. Mucha gente después de hablar no se sostiene en lo que dice. Por eso muchas veces, es necesario mostrarle una grabación para que admita que dijo lo mismo que fue publicado. Hay que tener en cuenta que, en algunos casos, el periodista gana la confianza y la empatía del entrevistado y este a veces se olvida que el que está delante es un profesional que está allí para hacer su trabajo y no un amigo a quien se cuentan algunas cosas que no le gustaría que fuesen públicas. Muchas veces, el periodista honesto se da cuenta del lío y pregunta: ¿quieres decir esto? Otras veces, el entrevistado se entera que fue demasiado lejos y pide: por favor, esta parte es "off the record" (y el periodista no lo puede divulgar), o peor para el periodista (muchas veces es una forma de pasar mentiras...), pide: esto puede escribirse pero no pongas mi nombre, ni mi boca...

Finalmente, hay el miedo legítimo del mal periodismo. Profesionales malos, que distorsionan lo que se dice, que descontextualizan, que inventan, etc. Es muy difícil después que algo se vuelva público conseguir desmentirlo con la misma eficacia con que se pasó la mentira.

Resumiendo, las personas tienen miedo del periodista porque saben que tiene poder (que hoy, con Internet, se está volviendo cada vez menor, pues, cada vez se hace menos necesario un intermediario, un médium) que no controlan.

Por razones obvias, José no confiaba en los hermanos. Solamente a través del uso inteligente de la entrevista fue posible volver a confiar en ellos y, así, rehacer los lazos que fueron destruidos en el pasado.

Para un investigador o un periodista, descubrir la verdad es crucial, pues ella es la fuerza motriz que puede impulsar un proyecto, una carrera o traer cualquier otras realizaciones personales. En el caso de José, esa fue la mejor manera de devolverle la paz interior y la familia.

En algún momento, nosotros nos vamos a enfrentar con situaciones en que necesitaremos juzgar a otras personas, lugares, opiniones, informaciones, etc., para descubrir algunas verdades. Aprender a entrevistar es uno de los pasos básicos para encontrar lo que se busca.

"El silencio es una fuente de gran poder".
Lao Tzu

7
¡JAMÁS DESISTA!

"... Dios me hizo fructificar en la tierra de mi aflicción".

Génesis 41:52

Traicionado por los hermanos, vendido como esclavo y, finalmente, preso injustamente, José tenía todos los motivos para desistir de sus sueños. Toda la sabiduría, toda la experiencia y todos los contactos no le habrían servido para nada, en este caso, si él no hubiera tenido perseverancia.

William E. Jennings realizó un estudio titulado A Profile of the Entrepreneurs[1] (Perfil del Emprendedor), e hizo una lista de las siete cualidades más importantes para el éxito. La perseverancia está en primer lugar. El mundo está repleto de grandes ejemplos de perseverancia.

El joven Walt Disney, por ejemplo, fue despedido de su trabajo en el periódico Kansas City Star, pues su jefe lo consideraba sin creatividad. Tras este primer fracaso, Disney fundó una empresa Laugh-O-Gram Films, que luego quebró y lo dejó en una situación tan difícil que casi no podía pagar el alquiler. Él pasó aún por muchos otros fracasos antes de alcanzar el éxito.[2]

¿Y qué hablar de Thomas Edison y tantos otros en la lucha incansable para desarrollar la lámpara eléctrica?

José, Disney, Edison y tantos otros no hubieran alcanzado lo que soñaban si no fuesen perseverantes.

Innumerables personas, todos los días, desisten de sus sueños, resignándose, la mayoría de las veces, delante de las primeras barreras, perdiendo, así, la batalla ya desde el inicio. Olvidaron perseverar.

La barrera más común y que es, probablemente, la razón número uno para la destruición de la mayoría de los sueños es una simple palabra: No!

"Mi jefe dijo que el proyecto 'no' es interesante".

"El equipo de marketing dice que la idea 'no' es buena".

"Dijeron que yo 'no' tengo talento".

Debemos ver la palabra "no" apenas como una señal y no como un muro insuperable. Todas las personas que se realizaron profesionalmente oyeron un "no" varias veces, pero así mismo, alcanzaron la victoria. Si los "no" fueren muy frecuentes, debes, entonces, repensar el plan y buscar nuevas rutas. Lo que no se debe hacer, de ninguna manera, es desistir del sueño.

No conozco ningún proyecto empresarial, académico o de cualquiera otra área, que haya empezado y alcanzado el éxito sin ningún cambio en el plan original. Prácticamente, todos pasaron por reevaluaciones, reformulaciones y, en algunos casos, sufrieron cambios radicales de rumbo, pues no todos los métodos e ideas funcionan como fueron acogidos inicialmente. Por lo tanto, es necesario cambiar ciertas trayectorias para llegar al destino planeado.

En el libro *Getting to Plan B*[3] los autores muestran que la mayoría de las empresas bien elegidas alcanzaron el éxito con un Plan B (a veces, C, D o mismo Z), o sea, algo diferente del plan inicial. Así Google, Starbucks, Pay Pal y muchas otras no se hubieran hecho empresas tan famosas si hubiesen continuado con el plan original.

En el momento de frustraciones y cambios entra en escena la perseverancia. Esta fue una marca registrada en la vida de José y la característica más sobresaliente de los vencedores.

Es necesario establecer una equilibrio (lo que no es fácil) entre la persistencia y la capacidad de percibir que algo no fue hecho para funcionar. Hay un viejo proverbio que dice: "Si estás sentado en un caballo muerto, entonces está es el momento de levantarse". Esto generalmente se aplica a los métodos utilizados para alcanzar los sueños, y no a los sueños en sí.

José estaba literalmente en prisión, pero, no permitió que limitasen su mente y no desistió de perseverar para conseguir lo que siempre había soñado.

En mi tercer año en la universidad, intenté hacer la práctica laboral en una empresa. A pesar de ser simpático, el dueño de la empresa dijo la famosa palabra: "no". Estas dos letras fueron lo suficiente para desanimarme e impedirme buscar prácticas en otras empresas. Yo no imaginaba que recibir un "no" vendría a ser una cosa muy común en mi vida profesional. Un "no" es normal, mil "no" también.

Cuando fundamos nuestra empresa en Toronto (Smart Biotech), yo quedé responsable para contactar inversionistas y convencerlos de leer nuestro plan de negocios.

Inversionistas, especialmente los de alto riesgo, reciben varios planes de negocios todos los días. Conseguir destacarse en medio de pilas de papel no es una tarea fácil. Para eso es necesario poner una voz o una cara detrás de aquellas páginas. Por lo tanto, una charla por teléfono antes de enviar un proyecto es un óptimo recurso de marketing. Antes de oír un posible "no" del inversor, yo necesitaba superar el "no" de la secretaria.

Las secretarias son instruidas para "filtrar" las llamadas, para que solamente aquellas llamadas realmente importantes sean trasferidas al jefe. Algunas de ellas son entrenadas para decir "no". Necesité desarrollar mi propia técnica para reducir la probabilidad de recibir un no de las secretarias. En caso que tengas que enfrentar la misma situación, esta es una fórmula:

1) Llama por la mañana (¡el horario hace una gran diferencia!);

2) Hable con una voz agradable y sea muy educado;

3) Preséntese por el apellido: "hola, aquí está el Dr. Montenegro". Demuestre un cierto nivel de intimidad con la persona que quiere contactar, diciendo por ejemplo: "¿Cómo está José hoy?";

4) Entonces diga a la secretaria que necesita de su ayuda para contactar la persona en cuestión (jefe, inversor, productor, etc.);

Si ella aun no estuviera convencida en transferir la llamada al jefe, pero simplemente pide que deje un recado, entonces necesita usar el último recurso:

5) De manera bastante calmada explique su proyecto usando términos técnicos (cuanto más complicado mejor) y pida que ella pase el recado para el jefe. Frente a la posibilidad de no conseguir pasar el recado de manera correcta, ella preguntará más de una vez al jefe si él tendría algunos minutos para conversar contigo.

Sin embargo, si tuvieres la suerte de conversar con una secretaria con Ph.D en Física, entonces el "pos-último" recurso es llamar nuevamente otro día y preguntar si ella pasó el recado y si el jefe estaría disponible para una cita.

Las barreras en el mundo profesional son muchas, la competencia es feroz, el ritmo es intenso, las oportunidades son pocas. A veces, pagamos un precio alto por nuestros errores. Entretanto, tales infortunios no ocurren apenas en tu vida o mí en mi vida, pero es la realidad en la vida de prácticamente todas las personas. Es la perseverancia, que en la mayoría de los casos, tiene hecha la separación entre vencedores y vencidos.

En 2005, tuve el gusto de conocer a Don MacAdams, un americano que vive en Canadá hace varios años. Don MacAdams es el fundador da MBVAX, empresa que desarrolla una vacuna contra el cáncer. Viendo que la vacuna no se encuadra en los métodos típicos de las grandes empresas farmacéuticas, la lucha que él enfrenta es gigantesca, pero para una persona que ya pasó por los altos y bajos de la vida profesional, las barreras no consiguen detenerlo. Vea la entrevista a seguir:

¿Cuántas veces Ud. fue al "fondo del pozo" y comenzó todo nuevamente?

Don: ¡Tres!

¿Cuál fue el mayor fracaso y el mayor éxito que Ud. ha experimentado en el mundo de los negocios?

Don: Viendo que para mí "negocios" tiene que ver con dinero, tengo que admitir que mi "mayor fracaso" fue unas de las mejores cosas que viví, y mi "mayor éxito" fue una de las peores. Desde joven ya sabía cómo ganar dinero, así, después de los treinta años de edad, mi habilidad de ganar dinero tomó proporciones olímpicas. Yo gané mucho dinero cuando llevé mi primera empresa, Varah Electronics, a la Bolsa de Valores en 1984.

Yo tenía en esa época la edad de 37 años. Por derecho, conquisté la posición de miembro de la aristocracia canadiense. Compré las propiedades Firestone, nueve mil pies cuadrados (836 m^2) de lujo, con 7 acres de área cercada en la parte superior de la costa de Ancaster. Yo tenía un Mercedes SEL, una colección de arte, incluso una pintura original de Modigiani de Guillaume Apollinaire, un óleo atribuido a J. M. W. Turner, una colección de manuscritos medievales, incluyendo el mayor grupo de documentos señoriales en inglés, existente en Canadá, una colección de libros raros, entre ellos la primera edición de "Bleak House" de Dickens, una bodega de vinos Bordeaux y Armagnac, de sesenta años, además un Rottweiler muy feroz para proteger todo. Yo tenía todo esto y un estilo de vida adecuado, incluso vacaciones en la Europa via QE2 y Concorde, suites en el Old England en Windermere, en el Ritz en Londres, en el Grand en Paris, en el Intercontinental en Ginebra, en el Meridian en Nice y en otros hoteles finos en otros lugares. Mi mujer tenía las ropas más chics, chaqueta de piel y joyas. Mis hijos tenían más cosas que cualquier otro niño. Di a mi hija un Mustang convertible en su cumpleaños, cuando ella cumplió 16 años de edad. Entre tanto, yo no era feliz.

Antes de cumplir 40 años de edad, vendí mi empresa y pasé un mes solo, haciendo Trekking en el Nepal. Cuando volví de aquel viaje fundé la empresa Annulus Technical Industries para fabricar un interruptor electrónico de alta densidad, que yo había acabado de patentar. Yo amaba aquella empresa y había trabajado allí como nunca antes. Había aprendido Ingeniería Mecánica, y había construido las herramientas y los equipos de producción con mis propias manos. Pero, la empresa era un gran drenaje de dinero y al final, necesité deshacerme de mis propiedades para pagar los prejuicios. Tuvimos que salir de la mansión donde habíamos vivido apenas 5 años. Necesité reducir todo, transferir la empresa y mi casa a una pequeña villa de pescadores de Port Dover. Annulus continuó su caída en espiral hasta que tuve que cerrarla definitivamente en 1993. Pero yo era feliz.

¿Cuál fue el motivo de este fracaso?

Don: La tecnología cambia rápidamente. Productos de última generación se vuelven obsoletos. Es solo una cuestión de tiempo.

¿Qué es más fácil administrar: el fracaso o el éxito?

Don: Administrar un negocio bien aceptado es mucho más fácil que administrar un fracaso.

¿Hay alguna fórmula para olvidar las fallas y continuar en la lucha?

Don: Nunca olvide sus errores. Ellos son más valiosos que sus éxitos.

Es bueno ser fuerte y "jamás desistir". ¿Pero, cómo saber cuándo es el momento de admitir que alguna cosa no fue hecha para funcionar?

Don: Nunca sabes. Solo nos damos cuenta cuando ya es demasiado tarde.

¿Qué debemos aprender de nuestras fallas?

Don: Humildad.

En este momento estás liderando a MBVAX en el desarrollo de una vacuna contra el cáncer. Necesitas luchar no solo contra la enfermedad, sino también contra el "status quo" de la industria farmacéutica y de la comunidad médica. ¿Cómo actuar en esta situación? ¿Lo que aprendió en el pasado le está ayudando hoy?

Don: Yo no sé si estoy actuando correctamente, pero estoy feliz.

La historia de Don me hace recordar que en cualquier área profesional es necesario arriesgar para poder llegar donde se desea, pero se debe tener en mente que la posibilidad del fracaso es real. Sucede más frecuentemente de lo que imagina. Por eso no se debe tener vergüenza de los fracasos, ellos sirven para enseñarnos. Por lo tanto, debemos aprender con las caídas y seguir luchando.

Nuestra primera empresa en Toronto fue un "fracaso". Teníamos un excelente equipo, estábamos todos comprometidos con el trabajo. Habíamos abandonado nuestros empleos para batallar por este sueño. La idea parecía perfecta, el equipo unido y con fuerza para trabajar. Respondíamos prácticamente a todas las preguntas de los inversores, pero así mismo, no conseguimos el capital que necesitábamos. En una de las últimas empresas de inversión que visitamos, el vice-presidente nos recibió con las siguientes palabras: "Vosotros estáis buscando dinero hace un año y aún no lo conseguís, ¿por qué yo debería dar oídos a este proyecto?" Nosotros contestamos: "nosotros no lo sabemos, pero tal vez después de mirar nuestro proyecto el señor nos pueda ayudar a encontrar la respuesta". Al final de la presentación preguntamos a aquel hombre por qué aun no habíamos conseguido patrocinio. Él contestó sencillamente: "! No lo sé, pero si nadie invirtió hasta ahora es porque hay algún problema y yo no voy a invertir!"

¡Como dije antes, la posibilidad del fracaso es real! Pero cuando se está consciente de esta posibilidad es posible prepararse mejor y también sufrir menos si el fracaso golpea la puerta. Recuerda, que todas las veces que no lo intentas ya fracasaste.

Después del fracaso de la Smart Biotech y haber perdido todo el dinero (que nunca fue mucho), yo perdí toda la motivación para ser emprendedor nuevamente. A lo largo del periodo de las "vacas flacas", el amigo Thomas Freier un de los co-fundadores de la Smart Biotch, volvió a Alemania y con ayuda de la empresa Aspiras[4], consiguió un financiamiento a través de un programa organizado por el Hightech Gründerfonds[5] para fundar una nueva empresa en el área de desarrollo de implantes médicos.

Él, entonces, me invitó para volver a Alemania y ayudarlo en esta nueva aventura empresarial. Yo aún me estaba "recuperando psicológicamente" del primer fracaso como emprendedor y le pedí a él algunos días para pensar. "¿Cambiar de país y empezar todo de nuevo?" "¿Y si fracasarnos nuevamente?

En aquella misma semana yo fui invitado para una entrevista de trabajo. Al final de la entrevista, cuando todo ya indicaba que en pocos días yo empezaría a trabajar como ingeniero en una multinacional que fabricaba productos plásticos. Le pregunté al dueño de la empresa: "¿El señor ya quebró alguna vez? "Aquel hombre me miró, se rió y dijo:

"¿Está bromeando? Yo quebré cinco veces!". Yo me ríe y dije: "! Gracias, era solo lo que necesitaba oír!". De este modo Thomas y yo fundamos en Alemania la Medovent GmbH, que hasta ahora ha sido bien recibida en el desarrollo de implantes médicos.

¡Vale la pena ser perseverante!

Gustaría incluir aquí un aspecto hasta cierto punto desapercibido sobre la cuestión de la perseverancia. La perseverancia está relacionada con otra palabra, prácticamente desconocida del público en general: Temperancia. A pesar de ser una palabra poco usada, cualquier persona que ya alcanzó éxito profesional necesitó en algún aspecto, ser temperante. La temperancia está relacionada con el control propio. Ser temperante es tener la capacidad de vencer los propios deseos y controlar las emociones para conseguir algo mayor.

Los atletas profesionales saben la importancia de la alimentación justa, del ejerció físico y del sueño para alcanzar la victoria. La temperancia es un ingrediente muy importante en la perseverancia y, por lo tanto, de la fórmula para el éxito.

El hecho, de que la temperancia era una de las características enfatizada por los grandes líderes del siglo 19. Stephane Covey en su bestseller *The 7 Habits of Highly Effective People*[6], menciona varias cualidades que fueron determinantes en las vidas de grandes personas del pasado. Entre tales cualidades está la temperancia.

¿Es posible ver la temperancia en la vida de José? ¡Oh, sí! La temperancia de José es mostrada en la inmensa paciencia demostrada al soportar todas las aflicciones, sin sublevarse contra el Dios en el cual él creía y al estar dispuesto a recomenzar todas las veces después de llegar el fondo del pozo.

Esta cualidad se manifiesta en la vida de José también en su capacidad de controlar la voluntad de vengarse cuando mira a sus hermanos de rodillas delante de él. Pero, de manera aún más fuerte, la temperancia de José quedo claramente expuesta cuando él fue tentado por la mujer su jefe Potifar. En aquel momento, él podría pensar en poder salir de la situación de esclavo volviéndose amante de la mujer de su jefe. Pero, él consiguió resistir, porque tenía otros planes en mente y sabía de los riesgos asociados a tales decisiones.

Varias personas talentosas perdieron todo lo que tenían y no consiguieron seguir. Porque nunca aprendieron a ser temperantes. Algunos, no resistiendo las tentaciones, sucumben delante de la posibilidad de enriquecerse rápidamente a través de esquemas fraudulentos, para después ser descubiertos y perder todo lo que conquistaron. José prefirió hacer lo que era cierto a tomar el sendero más corto. ¡Esto también significa ser temperante!

Ser temperante es ser capaz de renunciar a un placer pasajero por algo mayor que aún está en el futuro. Controlar el apetito, el nerviosismo, la voluntad de levantarse más tarde o de acostarse más tarde, tener fuerzas para decir no. Rechazar algunas invitaciones en pro de algo más importante, sea mantener la salud y estar más apto para vencer una prueba, dar un ejemplo, conducir una empresa o así mismo prepararse para la vida eterna, son evidencias de temperancia.

Sin temperancia queda difícil conseguir ser perseverante.

A todos nos gustaría tener el control sobre nuestra propia vida y el control del futuro. Entre tanto, si no tenemos capacidad de controlar nuestro propio apetito o el nerviosismo, ¿cómo podemos soñar con la posibilidad de controlar nuestro propio futuro? Simplemente no es posible vencer las grandes luchas mientras estamos diariamente perdiendo las pequeñas.

En el libro Temperancia la autora declara que "temperancia sola es... el fundamento de todas las victorias a ser conquistadas"[7]. Quien no está acostumbrado a controlar los propios impulsos tendrá pocos chances de ser perseverante en la lucha por el éxito. De acuerdo con Goleman[8], el reto principal de un líder es el control propio.

La batalla por el éxito profesional está cercada de inciertos y pocos son los parámetros que podrás controlar.

Por lo tanto, es extremadamente importante tener el dominio propio sobre los rasgos de carácter o cualidades que tú puedes controlar, o sea, aquellas que dependen solamente de ti: iniciativa propia, habilidad en comunicarse bien, temperancia y otras.

Probablemente no estás en una prisión en Egipto, pero, así mismo no ves medios para concretar tus sueños profesionales. En este caso, mire alrededor, busque oportunidades, intente encontrar el "copero del Faraón", que puede ser hasta su mismo vecino. Desarrolle el arte de comunicarse y de obtener informaciones. Prepárese para causar buena impresión, sea paciente y jamás desista de luchar.

Cuando nació su segundo hijo, José lo llamó Efraím, que en hebreo significa fructífero, declarando en la ocasión: "Dios me hizo crecer en la tierra de mi aflicción". Sin duda, valió la pena ser perseverante.

La vida de José nos muestra las principales herramientas para obtener el éxito en cualquier área profesional. ¿Qué tal seguir el ejemplo de un VENCEDOR?

"Dios da las oportunidades; el éxito depende del aprovechamiento de las mismas".
Ellen G. White.

APÉNDICE

Material adicional

Innumerables personas están en este momento concluyendo algún curso y "confeccionando" sus currículos con la esperanza de conseguir el primer empleo. Allí están descritas las habilidades de cada uno. Están relacionados los cursos que frecuentaron, los idiomas que hablan, conferencias en las que participaron y demás informaciones importantes. Pero, la falta de experiencia puede oscurecer todas las otras cualidades disminuyendo las oportunidades de éxito.

Puedes evitar este problema empezando a actuar en el área de trabajo antes de concluir tu curso. Hay innumerables maneras de hacer esto. La lista de más adelante ofrece algunas ideas de dónde y cómo es posible obtener experiencia y ampliar la red de contactos.

El encuadramiento de las diferentes áreas del conocimiento en grupos distintos, es algo complicado, debido al entrecruzamiento de las más diferentes profesiones y las posibles oportunidades que cada área de conocimiento ofrece. Así, en el intento de simplificar la tabla a seguir, se comete el "pecado" de restringir las potencialidades de cada profesión.

Psicología, por ejemplo, está clasificada en esta tabla en el área médica, pero sabemos que la psicología médica es apenas una de las 56 diferentes áreas de la psicología de acuerdo con la Asociación Americana de Psicología (www.apa.org/about/division.html).

Como verás por ti mismo, algunos cursos podrían estar junto con otros en un solo grupo, pero decidí ponerlos separados, debido a ciertas particularidades que podrían ser exploradas en mayor profundidad. Examine toda la tabla buscando áreas correlacionadas y tal vez, así, puedan surgir nuevas ideas.

Si tuviera alguna sugerencia para esta lista yo agradecería su colaboración. Escriba a:

info@josedirector.com

Independientemente del área de trabajo, el secreto para iniciarse en la vida profesional con el "pie derecho" es encarar de manera sobria, toda y cualquier oportunidad. Por lo tanto, considere tres aspectos:

1) ¡Concluya lo que empezó!

2) ¡Haga todo de la mejor manera posible!

Pregunte a las personas lo que ellas piensan de su trabajo, quede abierto a las críticas y acepte sugerencias para mejorar lo que haces.

Estos dos aspectos causarán un excelente impacto en la vida de las personas a tu alrededor.

Y por fin:

3) ¡Sea proactivo!

No sé cómo puedo enfatizar suficientemente este punto. Entonces voy a repetirlo: ¡sea proactivo! Vaya adelante sin necesitar órdenes. Construya su futuro.

Para la mayoría de las personas no es fácil ser proactivo. Pero, empieza a desarrollar esta habilidad lo antes posible. Recuerda: tu futuro profesional depende de esto.

Algunas sugerencias puestas en la tabla son simples (esta es mi intención), para aquellos que aún no empiezan ninguna práctica laboral o ninguna actividad profesional y puedan iniciarla sin muchas dificultades.

CURSOS, PROFESION O ÁREA DE TRABAJO	DONDE ENCONTRAR SITIOS PARA PRACTICA LABORAL	IDEAS SENCILLAS PARA OBTENER EXPERIENCIA CURRICULAR.
Alimentación: Nutrición, culinaria, etc.	Restaurantes, Clínicas, Spas, hoteles, asilos, orfanatos, etc.	La mayoría de los restaurantes están abiertos a prácticas laborales bajo supervisión.
Artes Escénica: música, cine, teatro, danza, etc.	Teatros, estaciones de radio, canales de TV, productoras	Sigue el ejemplo de Pat Adams y lleva alegría a las personas que están sufriendo. Organiza un

	de películas, grupos folclóricos, circos, etc.	grupo para presentar música, teatro, exhibición de películas, etc. En residencias de mayores, prisiones, orfanatos, y otros. Organice exhibiciones de su trabajo en su propia casa, escuela o iglesia; Haga un corto-metraje, sea creativo, ponga su película en YouTube, envíela a concursos; Algunas iglesias poseen grupos de teatro o música, únete a ellos.
Artes Plásticas: Pintura, restauración, etc.	Museos, galerías, escuelas, clubes, etc.	Ofrécete para ayudar en el museo local o el ayuntamiento en los trabajos de restauración de obras de arte o patrimonio público; Ofrécete en el departamento de la facultad para ayudar en la elaboración de eventos que promuevan las artes plásticas en la comunidad local;

		Ofrécete para organizar el *design* del restaurante, almacén, hotel, de un amigo;
		Ofrécete para decorar la fiesta que algún amigo esté organizando.
Design	Cualquier empresa que desarrolle sus propios productos y empresas de publicidad y *web design*.	Intente conseguir prácticas en alguna empresa que desarrolla sus propios productos, sea carros (coches), ropas, máquinas industriales, y otros.
		Las empresas de embalajes son excelentes locales para hacer prácticas;
		Desarrolle sus propios conceptos de productos, prepare una cartera y divulgue en fórums de Internet, envíelo a concursos, y otros.
		Busque prácticas en alguna agencia de publicidad.
Deportes y Educación Física	Escuelas, clubes deportivos, equipos, academias de gimnasia.	Además de las escuelas, clubes y academias, tú también puedes hacer prácticas en orfanatos, asilos, residencias de

		mayores, clínicas de fisioterapia, y otros. ¿Qué tal comenzar en el barrio un grupo para hacer caminatas y otras actividades deportivas?
Derecho: abogado, criminología, etc.	Escritorios de abogados, comisaría, empresas de investigación, departamentos jurídicos de empresas u órganos públicos, archivos, etc.	Prácticamente todos los Bufetes de abogados y oficinas de registros civiles están de brazos abiertos para aquellos que desean hacer prácticas. Infórmese al respecto; Dispóngase a ayudar en los aspectos legales de entidades sin fines lucrativos, sindicados o gremios; Infórmese sobre la posibilidad de hacer práctica en el departamento jurídico de alguna empresa.
Economía, administración, contabilidad, etc.	En principio cualquier empresa o negocio hace uso de las habilidades de un	Pida para hacer prácticas en la empresa de algún conocido, amigo o familiar. Clubes o asociaciones de artistas, agricultores,

	administrador, economista o contador. En especial, podemos mencionar bancas, financieras, etc.	deportistas, etc. Generalmente no pueden asumir los costos para pagar profesionales que lleven sus actividades, ofrézcase para ayudar; El ayuntamiento (alcaldia) de la ciudad puede ser un excelente sitio para hacer prácticas en el área de administración pública.
Educación, pedagogía, etc.	Escuelas, orfanatos, asociaciones de barrios.	Las escuelas están abiertas para aquellos que desean hacer prácticas; Ofrézcase para ayudar en algún orfanato; Presente algún proyecto educacional a alguna asociación que ayude a personas de algún área carente de tu ciudad; Las prisiones están abiertas a diferentes proyectos educacionales, infórmese al respecto.
Ingeniería y áreas a fines.	Oficinas de Ingeniería, fábricas, prestación de	La mejor manera de conseguir una práctica es contactar directamente una empresa o a través de la

	servicio, consultorías, laboratorios.	ayuda de algún conocido que pueda indicarlo; - Algunas universidades tienen el programa "empresa junior", donde los estudiantes pueden participar de proyectos industriales como "consultores". Si tu universidad no tiene una empresa junior, organiza una. Más informaciones: http://pt.wikipedia.org/wiki/Empresa_j%C3%BAnior www.jadenet.org ; Algunas bancas tienen un departamento donde ingenieros hacen el análisis de proyectos que buscan inversión. Infórmese al respecto sobre la posibilidad de hacer práctica laboral en este sector.
Física	Institutos de investigación, escuelas, universidades, empresas de	Las escuelas generalmente necesitan personas que desean hacer prácticas para ayudar en la enseñanza de Física;

	desarrollo de equipos eléctricos y electrónicos, empresas de desarrollo de aparatos ópticos, etc.	Los laboratorios de empresas que desarrollan o prueban equipos eléctricos u ópticos, son óptimos lugares para hacer prácticas, así como empresas generadoras de energía (hidroeléctricas, nucleares, etc.); Busque oportunidades de hacer prácticas en observatorios astronómicos o meteorológicos.
Geografía	Escuelas, universidades, departamento público de tránsito, y urbanización, empresas que desarrollan mapas y rutas, etc.	Busque el departamento de urbanización de su municipio y pida hacer prácticas; Busque algo en su ciudad que aún no haya sido catalogado, haga eso y publique el material; Busque hacer práctica en alguna empresa que ofrezca turismo ecológico.
Geología	Empresas mineras, petrolíferas, laboratorios de	Desarrolle la capacidad de buscar y publicar sus descubrimientos. Elabore un mapa geológico de un

	arqueología, museos, etc.	área poco estudiada de su región y publique lo descubierto; Algunos bancos tienen departamentos que analizan el impacto ambiental de los proyectos que buscan financiamiento. Entre en contacto con tales departamentos para hacer prácticas; Órganos de defensa del medio ambiente son óptimos lugares para hacer prácticas en geología; Empresas de la construcción civil son excelentes lugares para hacer prácticas.
Historia	Escuelas, universidades, archivos, etc.	Haz una búsqueda sobre algo interesante que ocurrió en tu ciudad, organice un buen material, escriba un artículo y publique un pequeño libro sobre el asunto y promuévalo; Ofrécete para ayudar en

		algún museo o archivo, o en la recuperación de documentos históricos; La genealogía de tu propia familia puede ser un óptimo artículo. ¿Qué tal elaborarla? Prepare una guía turístico-histórica de tu ciudad y presente el proyecto al departamento municipal de turismo; Productores de películas o documentales históricos necesitan la asesoría de un historiador. Entre en contacto con tales personas o empresas; ¿Qué tal un libro sobre la fundación de su iglesia local, o de un equipo deportivo de su ciudad o de su barrio, o la biografía de alguna persona famosa de su ciudad?;
Idiomas: intérpretes, traductores, etc.	Escritorios de traducciones, escuelas, departamento de exportación de	Una de las cosas más frustrantes al visitar un museo o galería de arte es ver las obras de arte con explicaciones solamente en

	empresas, agencias de turismo, hoteles, periódicos, embajadas o consulados, etc.	la lengua local. Por lo tanto, mira el museo de tu ciudad y ofrécete para traducir los textos explicativos. Lo mismo puede ser hecho en el jardín zoológico;
		Si vives en una ciudad turística, haz una carta de visita y distribuye en los hoteles de la ciudad y centros turísticos y ofrécete como intérprete en caso de que algún turista o el propio hotel necesite uno;
		Ofrécete para trabajar en el aeropuerto local, estación central, centro de convenciones, etc.
Informática: ciencia da computación, programación, telecomunicación, etc.	Son muchas las oportunidades, desde pequeñas empresas hasta corporaciones.	Ofrécete para implementar un sistema en las tiendas de amigos o alguna entidad (escuelas, clubes, etc.) que no tenga ningún sistema informatizado. O para mejorar el sistema existente;
		Ofrécete como profesor en alguna escuela, orfanato,

		prisión, etc.
Periodismo	Radio, TV, periódico, magazines, reparticiones de correspondencia, etc.	La cosa más obvia a hacer es procurar poner las prácticas laborales en estaciones de radio, de TV o periódicos locales; La segunda cosa a hacer es organizar un blog sobre algún argumento por el que tienes interés. Pero esto muchos ya lo hacen, entonces invierta en la calidad y haga algo mejor; Grandes empresas tienen generalmente un departamento de relaciones públicas, infórmate sobre la posibilidad de hacer práctica laboral; Los políticos, generalmente, necesitan de asesores de prensa; Organiza un periódico en el barrio, ciudad, escuela o universidad; Haz un documentario sobre alguna cosa de tu barrio o ciudad y ponlo en

		Internet; Sea un *FreeLancer* y escriba un artículo para algún periódico o blog.
Matemática, Estadística, etc.	Bancas y empresas de inversión de alto riesgo, empresas de ensayos clínicos, laboratorios computacionales, escuelas.	Algunas bancas y empresas que hacen inversiones de alto riesgo siempre usan profesionales con sólidos conocimientos matemáticos. Infórmate al respecto. Empresas o laboratorios que hacen colecta de datos necesitan de matemáticos para ayudar en la evaluación de las estadísticas.
Meteorología	Aeropuerto, agencia de desarrollo agrícola, empresas aéreas y empresas que ofrecen la previsión del tiempo.	Ofrécete sobre la posibilidad de hacer práctica laboral en alguna agencia de desarrollo agrícola; Aeropuertos y empresas aéreas y de taxis utilizan los servicios de meteorólogos. Infórmese sobre la posibilidad de práctica laboral.

Medicina, Enfermería, Fisioterapia, Psicología, Epidemiologia, etc.	Hospedajes, clínicas, salas de emergencia, orfanatos, asilos, penitenciaria, escuelas.	Esta es probablemente una de las áreas más fáciles donde se puede conseguir prácticas. Los hospitales, clínicas, y otros... Están, la mayoría de las veces, abiertos a las prácticas; Ofrécete como voluntario en alguna organización, tales como Cruz Roja, ADRA, Médicos sin Fronteras, y otros. Las iglesias siempre necesitan personas del área médica para utilizarlos en Misiones. Infórmate al respecto y únete a uno de estos grupos.
Química	Empresas químicas, farmacéutica, empresas de reciclaje de materiales, empresas de tratamiento de aguas, farmacias de manipulación, industria alimenticia,	Prácticamente cualquier empresa donde se hace la transformación de materiales puede ser un lugar para la actuación de un químico; Juntamente con colegas de la universidad, empieza una "empresa junior" en el área de química; Infórmate sobre la

	fabricantes de cosméticos.	posibilidad de practicar en la empresa que hace el tratamiento de aguas de la ciudad.
Sociología, Filosofía, etc.	Órganos gubernamentales, partidos políticos, empresas de encuestas de opinión pública, periódicos, ONG, etc.	Pida para hacer prácticas en algún partido político; Involúcrate en alguna encuesta de opinión pública; Haz una encuesta sobre algún grupo de personas (punks, hippies, etc.) de su barrio o ciudad y publique el material; Divulgue sus ideas. Escriba sobre algún asunto que domine y publique el material en el periódico local, blog, etc.
Teología	Iglesias, fuerzas armadas, hospedajes, orfanatos, editorial de libros religiosos, etc.	Ofrécete para ayudar al líder de alguna iglesia; Hospitales, orfanatos, prisiones, son excelentes lugares donde puedes poner en práctica los conocimientos teológicos; Puedes usar tus conocimientos para ayudar en museos, institutos de

		investigación histórica y editoras de libros religiosos, históricos o filosóficos.
Turismo, Hotelería, etc.	Hoteles, agencia de viajes, editorial de libros y magazines, etc.	Infórmate sobre la posibilidad de hacer prácticas en el departamento de turismo de tu ciudad; Si en el ayuntamiento de tu ciudad no hay un órgano responsable de turismo, entonces prepare un pequeño trabajo mostrando las potencialidades turísticas del local y lo que podría ser perfeccionado. Envía el material para el alcalde o publíquelo en un periódico local; Ofrece tus servicios en algún hotel; Crea un blog sobre el turismo en tu ciudad o en tu barrio y muestra nuevos trayectos.

Agradecimientos

Me gustaría agradecer a José por los excelentes ejemplos que nos ha dejado, a Moisés por tener escrito todo con colores tan vividos y, por supuesto, a Dios por haber inspirado a cada uno de ellos.

Mi mujer merece mucho más que los debidos agradecimientos, pues creo que no es fácil ser esposa de un escritor, pero más complicado aún es soportar en casa a un "metido" que a un escritor.

Otros agradecimientos caben aquí también a mis revisores, que tuvieron la paciencia y el talento para arreglar lo que yo escribí y transformar todo en una lectura agradable: Miriam, Pompílio, Thomas Lopes, Almir, Dulce, Alano, Evandro Cunha, Steven Cunha, Stephanie Cunha y tío Eugênio.

A Roberto, por el excelente trabajo grafico de la tapa y por las discusiones que me ayudaron mucho.

A mis entrevistados: Dimpy, Rokas, Bill, Almir, Erwin, Ruben, Agnus, Dulce y Don.

A los tradutores y revisores.

A aquellos que me ayudaron directa o indirectamente con ideas: Ausra, María de Fátima, Almir, Elio, Siara, Yvonne, Edson, Vieira, Thomas Freier, Carsten, Veit Otto, Nina Tina, Susanne, Michael, Alano, Werber, Rafael y a los mis amigos de la IASD de Darmstadt, Berlín y Toronto.

Referencias

Capítulo 1

1 - Kim, Karl H. S., Relkin, Norman R., Lee, Kyoung-Min and Hirsch, Joy; Distinct cortical areas associated with native and second languages. Nature 388(July 10):171, (1997)

2 - http://discovermagazine.com/1997/oct/ thebilingualbrai1258

3 - www.lankanewspapers.com/news/2008/3/ 25617_space.html

4 - Smollins, John-Pierre, «The Making of the History: Ninety Years of Northeastern Co-op», Northeastern University Magazine 24 (5), May, (1999) http://www.northeastern.edu/magazine/9905/history.html

5 - http://en.wikipedia.org/wiki/Cooperative_ education#CITEREFSmollins1999

6 - http://en.wikipedia.org/wiki/Cooperative_education

7 - http://www.cecs.uwaterloo.ca/

Capítulo 2

1 - Navarro , Joe and Kerlins, Marvin; "What every BODY is saying", Corlins Living, United States of America, (2008)

2 - Reiman ,Tonya; The Power of Body Language, Pocket Books, (2007)

3 - Cohen , David; Body Language, What you need to know, (2007)

4- Argyle, M.; Bodily communication (2nd edition). New York: International Universities Press. (1990)

5 - http://cogprints.org/4444/1/Body_Language_ is_Important_ in_Large_Groups.pdf

6 - http://personal-development101.blogspot.com/2008/12/body-language-louder-than-words.html

7 -http://personales.upv.es/igil/Trans_ISC/gestos.pdf

8 - http://www.cterrier.com/cours/communication/60_non_verbal.pdf

9 - http://es.wikipedia.org/wiki/Comunicaci%C3%B3n_no_verbal

10 -http://www.topmente.com/

11 - http://micromovimiento.com/

12 - http://www.opas.org.br/ambiente/risco/tutorial6/ p/pdf/tema_05.pdf

13 - Mehrabian, Albert and Wiener, Morton; Decoding of inconsistent communications. Journal of personality and social psychology 6(1): 109-114, (1991)

14 - http://www.ecademy.com/node.php?id=78144

15 - http://bodylanguage.125mb.com/historia.html

16 - Byrne, John; CEO Disease, Business Week, 1 April, 52-59, (1991)

17 - Goleman, Daniel, Boyatzis, Richard and Mckee, Annie; The new leaders; Harvard Business School Press, United States of America, (2002)

18 - Conway, James and Huffcutt, Allen; "Psychometric properties of Multi-source Performance Ratings: A Meta-analysis of Subordinate, Supervisor, Peer and Self-Ratings" Human Performance 10, no. 4: 331-360, (1977)

19 - Stuart, Peggy; "What Does the Glass Ceiling Cost You?" Personal Journal 71, no. 11: 70-80, (1992)

20 - Morrison, Ann M., White, Randall P. and Van Velsor, Ellen; The Center for Creative Leadership: Can Women Reach the Top of America's Largest Corporations? Reading, MA: Addison-Wesley, (1987)

21 - Cox Jr., Taylor; Cultural Diversity in Organizations: Theory, Research, and Practise San Francisco: Berret-Koehler Publishers, (1993)

22 - http://cogprints.org/4444/1/Body_Language_is_ Important_in_ Large_Groups.pdf

23 - Rollman, Steven A.; The Journal of Social Psycology, 105, 73-77, (1978)

24 - Dickey, E. C., Knower, F. H.; A note on some ethnological differences in recognition of simulated expression of emotions. Amer. J. Sociol., 47, 190-193 (1941)

Capítulo 3

1 - Granovetter, Mark, Getting a Job, Chicago: University of Chicago Press (1995)

2 - Gladwell, Malcolm, The Tipping Point, Abacus, 2008.

3 - Hill, Brian E. and Dee Power, Inside Secrets to Venture Capital, John Wiley & Sons, Inc. Canada (2001)

Capítulo 4

1 - http://sbinfocanada.about.com/

2 - http://sbinfocanada.about.com/cs/management /qt/telephonetips.htm

3 - Goleman, Daniel, Boyatzis, Richard and Mckee, Annie; The New Leaders; Harvard Business School Press, United States of America (2002)

Capítulo 5

1 - http://www.toronto-bia.com/index.php?option=com_content&task=view&id=113&Itemid=1
2 - http://www.fao.org/inpho/content/ compend/text/ch23_03.htm
3 - http://nobelprize.org/nobel_prizes/peace/ laureates/2006/press.htm
4 - Marquis, Christopher and Battilana, Julie; Acting Globally but Thinking Locally? The Influence of Local Communities on Organizations, Havard business school, Nov. (2007) http://hbswk.hbs.edu/item/5823.html
5 - http://consumer-responsibility.suite101.com/article.cfm/supporting_the_local_small_business_owner

Capítulo 6

1 – Dr. House es una aclamada serie médica norte-americana, creada por David Shore. El personaje principal es el Dr. Gregory House, interpretado por el actor inglés, Hugh Laurie.http://es.wikipedia.org/wiki/House_M._D.
2 - Feldman, Robert; The Liar in Your Life: The Way to Truthful Relationships, Ed. Twelve (2009)

3 - Lodi, João Bosco; A entrevista, teoria e prática. Sétima edição. Biblioteca pioneira de administração e negócios, São Paulo (1991)

4 - Camp, Jim; Start with NO... The Negotiating Tools that the Pros Don't Want You to Know. Crown Business New York (2002)

Capítulo 7

1 - Jennings, William E.; Entrepreneurship: A Primer for Canadians. Toronto: Canadian Foundation for Economic Education (1985) http://sbinfocanada.about.com/cs/startup/a/startownbiz_2.htm

2 - http://www.growthink.com/content/7-entrepreneurs-whose-perseverance-will-inspire-you

3 - Mullins, John, Komissar, Randy; Getting to plan B, Harvard Business Press, Boston (2009)

4 – www.aspiras.de

5 - http://www.high-tech-gruenderfonds.de/

6 - Covey, Stephen R.; The 7 habits of highly effective people, Fireside, New York (1989)

7 - White, Ellen; Temperancia. http://www.ellenwhitebooks.com/

8 - Goleman, Daniel, Boyatzis, Richard, Mckee, Annie; The New Leaders; Harvard Business School Press, United States of America (2002)

Para comprar más copias de este libro o versión en otro idioma, diríjase al sitio

www.josedirector.com

www.ingramcontent.com/pod-product-compliance
Lightning Source LLC
Chambersburg PA
CBHW030633220526
45463CB00004B/1509